Reisefführer für Tiere

Tiere unterwegs – von Ameise bis Zugvogel

Inga Marie Ramcke   Tonia Wiatrowski

Folio Verlag

DANKE

In diesem Buch steckt viel Arbeit von Wissenschaftlern aus aller Welt. Viele Forscher und Naturfotografen haben ihre Bilder zur Verfügung gestellt, damit wir ganz nah an den echten Tierreisen dran sein können. Für diese Schätze und die Hilfe möchten wir uns herzlich bedanken bei:

Karen Willshaw/Australien von www.karenwillshaw.com, **Jules Bush**/Australien und **Karen Lindsay**/Australien beide von Marketing Cocos Keeling Islands für den Dugong | **Carsten Egevang**/Dänemark von www.arctictern.info für die Küstenseeschwalbe | **Mark Garland**/USA von www.monarchmonitoringproject.com für den Monarchfalter | **Alexey Danilchenko**/Großbritannien von www.aletan.com für den Regenbogentukan | **Tomokazu Seko**/Japan vom NARO Western Region Agricultural Research Center, **Carmen Szadzik**/Deutschland vom Schneckenprofi, www.schneckenprofi.de für den Marienkäfer | **Marc Sztatecsny**/Österreich von der Universität Salzburg für die Erdkröte | **David Bacher/Frankreich** von www.davidbacher.com, **Monika Gamper**/Italien vom Kulturverein Schnalstal – www.kulturverein-schnals.it, **Johanna Niederkofler** vom Archeoparc Schnals – www.archeoparc.it für das Tiroler Steinschaf | **Aline Kühl-Stenzel**/Deutschland vom Convention on the Conservation of Migratory Species of Wild Animals – www.cms.int für die Saiga-Antilope | **Petra Ballings**/Sambia von www.zimbabweflora.co.zw für den Afrikanischen Elefanten | **Frank Michler**/Deutschland vom www.projekt-waschbaer.de für den Waschbär | **Marc Brody**/China von Panda Mountain www.uscef.org für den Pandabär | **Volker Witte**/Deutschland für die Treiberameise | **Wolfgang Böhme**/Deutschland vom Zoologischen Forschungsmuseum Alexander Koenig – www.zfmk.de für den Weißstorch | **David Welch**/Kanada von www.kintama.com für den Rotlachs | **Klemens Pütz**/Deutschland vom Antarctic Research Trust – www.antarctic-research.de für den Magellan-Pinguin | **Johanna Spies**/Deutschland von www.ballone-im-norden.org für das Rentier | **Birgit Spies**/Deutschland, **Magdalena Messner**/Italien vom Messner-Mountain-Museum – www.messner-mountain-museum.it für den Yak | **Anna Reusch**/Schweiz von der Universität Zürich, **Axel Horn**/Deutschland von www.axel-horn.de für den Graukranich | **Claudia Bazzoli**/Italien vom Jukibuz – www.kulturinstitut.org sowie **Gitta Schnaut**/Deutschland.

1. Auflage 2015

Konzept und Idee: Inga Marie Ramcke & Tonia Wiatrowski
Texte: Inga Marie Ramcke
Gestaltung und Illustration: Tonia Wiatrowski
Printed in Europe
ISBN 978-3-85256-679-5
www.folioverlag.com

INHALT

Ich packe meinen Koffer ...

Gute Reise!

Bon voyage!

Wo geht's lang?

Sind alle angeschnallt? Dann kann es losgehen!

Sind wir bald da?

Bitte alle einsteigen!

LOS GEHT'S

Liebe Kinder,

ihr haltet eine absolute Besonderheit in den Händen:
den weltweit allerersten Reiseführer für Tiere!

25 verschiedene Tiere erzählen von ihren wundersamen Reisen.
Die Kröte klettert in den Alpen, die Libelle macht einen langen Flug zu einem neuen Kontinent, und der Dugong unternimmt eine einzigartige Abenteuerreise durch das Meer. Das erste Mal ganz alleine!

Auf den Reisen gibt es viel zu sehen und zu entdecken. Damit ihr euch genau vorstellen könnt, wie es auf Tierreisen aussieht, haben wir Fotos gesammelt von den Menschen, die am nächsten an den Tieren dran waren. Sie waren so abenteuerlustig wie die Tiere und heißen Wissenschaftler. Deshalb gibt es Reisebilder, die sonst niemand sehen würde. Und sie stammen von fast allen Kontinenten dieser Erde, von überall dort, wohin die Tiere gereist sind.

Freut euch also auf Tierreisen an Land, zu Wasser und in der Luft. Mit Experten-Tipps der Tiere zu Übernachtungen, bestem Futter und allem was man auf einer Tierreise gesehen haben muss. Ok, fast allem, denn es gibt noch viel mehr zu entdecken. Aber das könnt ihr selbst herausfinden, wenn ihr den Tieren hinterher reist. Wir wünschen euch dazu die längsten Ferien der Welt! Und wenn ihr gerade keine Ferien habt, nehmt einfach dieses Buch für einen kurzen Urlaub zu Hause. Mit den Tieren!

Viel Spaß und gute Reise!

Eure

Inga Marie & Tonia

REISEROUTEN

Diese Übersicht zeigt dir, wohin die Tiere in diesem Buch reisen. Manche haben einen sehr langen Weg vor sich, andere reisen nur kurze Strecken.

AUF EINEN BLICK

Achtung, Achtung!
Gleich geht's los! Hier werden die kleinen Zeichen erklärt, damit du dich im Buch schnell zurechtfinden kannst!

Reisearten

Flugreise

Wanderreise

See- oder Flussreise

Städtereise

Flaggen

Jedes Land hat seine eigene Flagge an der du es erkennen kannst – mit ganz bestimmten Farben und manchmal auch mit einem besonderen Zeichen.

Reisesymbole

Unterkunft

Zwischenstopp

Verpflegung

Information

Sehenswürdigkeit

Von diesem Tier gibt es nur mehr wenige, es ist vom Aussterben bedroht.

Hinweise, wovor Tiere sich auf ihrer Reise in Acht nehmen müssen.

Klima

heiß

gemäßigt

kalt

Natur rund um den Start- und Zielort

Wald

Tropen / Regenwald

Gebirge

Eis

Eisberge

Gras / Wiese

Steppe / Savanne

Stadt

Wasser

Wie groß ist das Tier?

Damit du dir vorstellen kannst, wie groß die Tiere sind, zeigen wir sie im Vergleich zu einer Katze. Wenn du weißt, wie groß eine Katze ist, dann kannst du dir jetzt auch vorstellen, wie klein beispielsweise eine Libelle ist.

Reiselust

Wenn das Tier sehr weit reist, dann hat es große Reiselust und bekommt fünf farbige Zeichen. Je weniger weit es sich fortbewegen möchte, desto kleiner ist seine Reiselust. Die Wanderlibelle hier im Beispiel hat fünf von fünf möglichen Symbolen und ist somit sehr reiselustig!

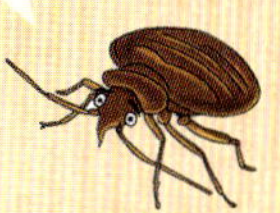

Wanderlibelle

Reiselust:

Reise für ○ ein Tier ○ wenige Tiere ☒ viele Tiere

Namaste, ich bin Shakti,
eine indische Wanderlibelle.

MEINE REISE

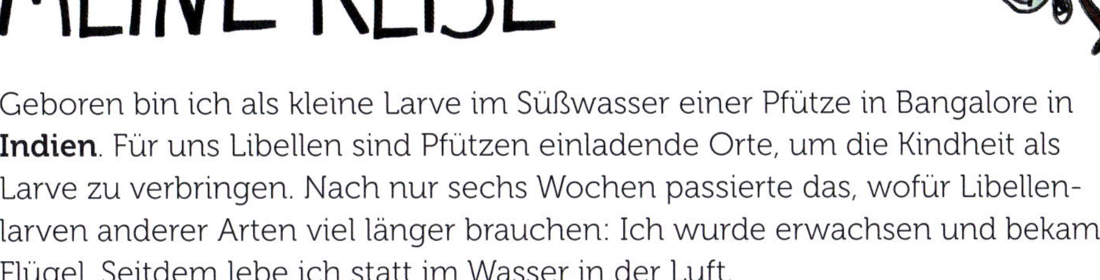

Geboren bin ich als kleine Larve im Süßwasser einer Pfütze in Bangalore in **Indien**. Für uns Libellen sind Pfützen einladende Orte, um die Kindheit als Larve zu verbringen. Nach nur sechs Wochen passierte das, wofür Libellenlarven anderer Arten viel länger brauchen: Ich wurde erwachsen und bekam Flügel. Seitdem lebe ich statt im Wasser in der Luft.

Am liebsten fliege ich schnell – wie ein glitzernder Pfeil sause ich durch die Luft.

Bald wurde mir klar, dass ich nicht nur schnell, sondern auch weit fliegen können muss. In Indien gibt es den **Monsun** mit der **Trockenzeit**, und dann sind alle Pfützen ausgetrocknet. Aber um Eier zu legen, brauche ich einen Ort mit Süßwasser, dafür sind Pfützen ideal.

Also hat die große Zeit des Reisens begonnen: Mit Millionen anderer Libellen habe ich mich auf den Weg gemacht, um dem Regen zu folgen.

Wir haben den besten Rückenwind gesucht, den es gibt; damit fliegt es sich leichter. Er ist dort, wo auch die Flugzeuge fliegen: In weit über 1.000 m Höhe sind wir über das Meer von Indien bis auf die **Malediven** geflogen. Übrigens ist es auf dieser Flughöhe ganz schön **gefährlich**: Auch Vögel nutzen den Rückenwind, und sie können genau wie wir im Flug fressen. Aber ich fliege flink und bin gut auf den Malediven gelandet.

Viele meiner Freunde waren schon dort, aber es gab da keine Pfütze mit Süßwasser. Also sind wir gemeinsam weiter nach Ostafrika geflogen. Dort hat die **Regenzeit** begonnen. Es gibt viele wunderschöne Pfützen und Teiche, um Eier zu legen. Ich habe mich auf der Insel **Madagaskar** niedergelassen. Dort habe ich die **Affenbrotbäume** entdeckt und bin gelandet. Ein Libellenmännchen habe ich auch gefunden, sodass ich Eier in eine Pfütze legen konnte.

Meine Kinder werden in sechs Wochen ihre Flügel ausbreiten und einen neuen Ort für ihre Eiablage finden. Genau wie ich werden sie dem Regen folgen. So geht es immer weiter, bis sich nach einigen Generationen unsere Nachkommen wieder auf den Weg zurück nach Indien machen und der Kreislauf von Neuem beginnt.

Wanderlibelle

Indien
Hauptstadt: **Neu Delhi**
Sprachen: **Hindi, Englisch und 21 weitere Sprachen**
Klima: 
Natur: 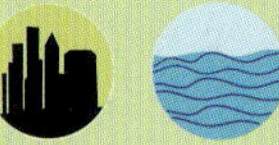

Der Monsun

Der Monsun ist das arabische Wort für Jahreszeit. Die beiden Jahreszeiten im Lebensraum der indischen Wanderlibelle sind die Trocken- und die Regenzeit. Weil die Libelle Süßwasser für ihre Eier benötigt, folgt sie dem Regen und fliegt sehr große Strecken über den offenen Ozean, um in die Gebiete zu gelangen, an denen gerade die Regenzeit herrscht.

Palme
Komfort: ★★★★

Palmen schwanken stark im Wind.

Die Malediven

Die Malediven bestehen aus Sand auf einem Korallenriff, sodass das Wasser und der Regen direkt in den Boden sickern. Daher gibt es keine Pfützen und auch keine Bäche und Flüsse. Dadurch können Libellen dort kein Süßwasser finden.

Felsen und Lemuren

Auf Madagaskar kann man sich die Felsen Tsingy de Bemaraha anschauen. Sie sind so hoch wie Hochhäuser und haben sehr scharfe Kanten.

Außerdem findet man hier Tiere, die es nur auf der Insel und rund um sie herum gibt: die Lemuren. Lemuren sind die Vorfahren der Menschenaffen und damit auch der Menschen. Man findet sie in verschiedenen Farben und Größen fast überall auf Madagaskar, dort wo es Bäume gibt.

Affenbrotbaum

Komfort: ★★★★★

Affenbrotbäume stehen sehr fest und ruhig da.

Reisewarnung

Vögel sind in der Luft eine Gefahr: Sie fressen Libellen, so macht es beispielsweise die Blauracke. Sie fliegt zum Teil dieselbe Strecke wie die Wanderlibelle.

Gewürzreich

Madagaskar ist berühmt für seine Gewürze: Pfeffer, Vanille, Zimt und manch andere.

Zimt

Madagaskar

Hauptstadt: Antananarivo

Sprachen: Malagasy, Französisch

Klima:

Natur:

Eichhörnchen

Reiselust:

Reise für ☒ ein Tier ○ wenige Tiere ○ viele Tiere

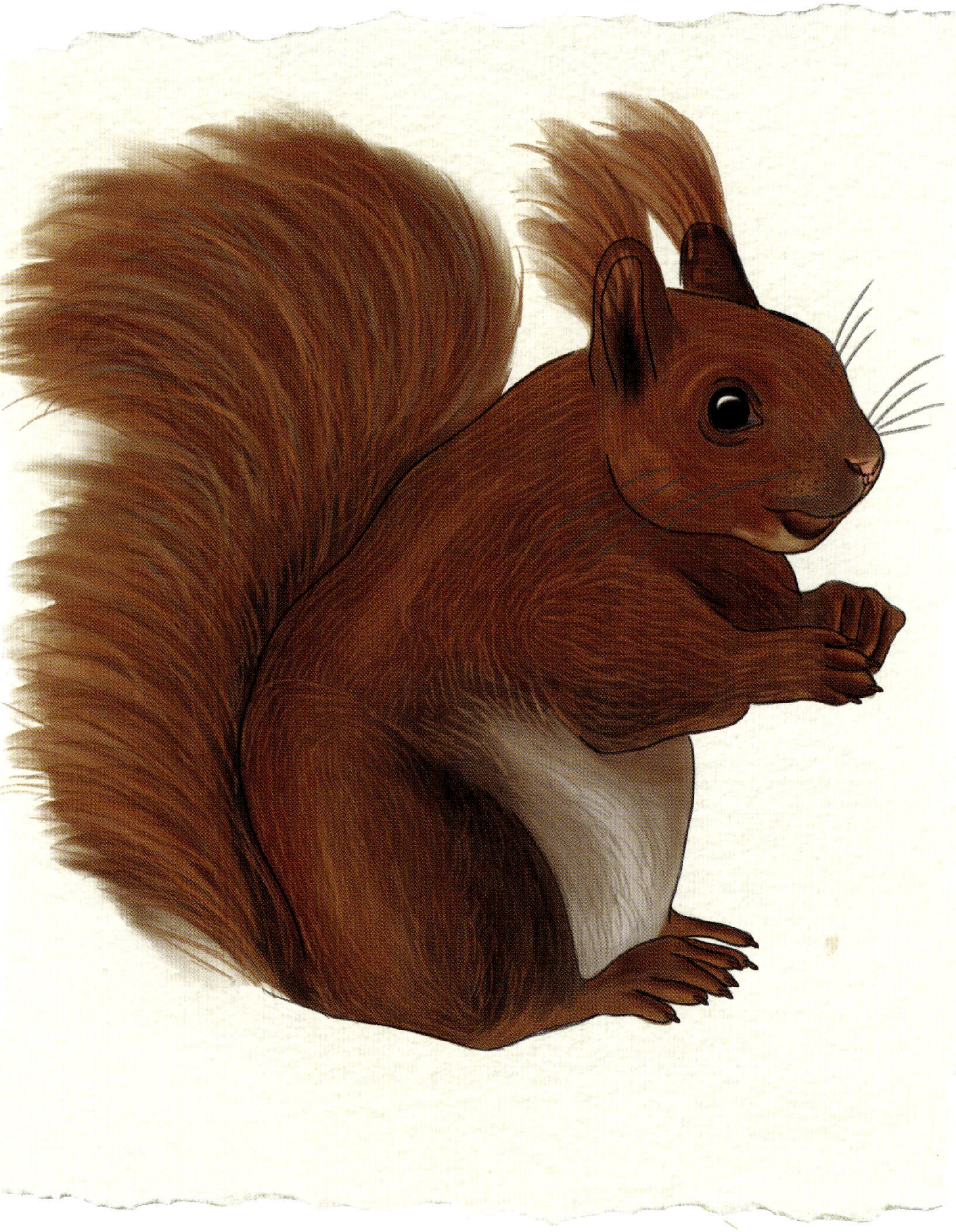

Ohhhh, **bonjour!** Ich bin Martine, ein Eichhörnchen aus der Nähe von Paris.

MEINE REISE

Irgendwo zwischen Park und Wald muss es doch sein. Wo hab ich es bloß? Hinten bei der Zedernallee vielleicht? Das könnte hinkommen.

Pardon, ich war mit meinen Gedanken noch ganz bei meinem Prachtstück. Ich habe es verbuddelt und weiß nicht mehr wo. Es muss irgendwo zwischen meinen verschiedenen **Kobeln** gewesen sein. Fünf Behausungen besitze ich im **Parc de Sceaux** und im Wald nebenan, somit reise ich zwischen ihnen hin und her. Irgendwo liegt mein Schatz. Nur wo? In der Nähe meines **Schlafkobels** in der Zedernallee? Oder bei meinem Schattenkobel, weiter hinten im ruhigeren Teil des Parks, oder vielleicht sogar im Wald nebenan? Ich habe mich wieder einmal ablenken lassen. Das macht mich vergesslich.

Aber da! Der Hund von Madame Lamande schnüffelt verdächtig an meinem Lieblingsbaum herum. Vielleicht ist mein Schatz dort vergraben? Aber der Hund wird doch nicht ...?! Ohhhh nein! Genau an meinem Lieblingsbaum hat er gepieselt. Muss das sein? Jetzt sind alle dort vergrabenen Nüsse frisch gegossen – und genau das wollte ich vermeiden. Ich hab zwar heftig protestiert, aber er hat nicht mal zu mir hochgeblickt! Um meine Beute zu verteidigen, bräuchte ich viel mehr Zeit und müsste überall gleichzeitig sein. Diese Hunde im Park nehmen ihre Aufgabe als Gießkannen sehr ernst. Jetzt muss ich mich auch noch an das Versteck der anderen Nüsse erinnern, die nicht vollgepieselt sind.

Für den Winter werde ich mir einen frischen Vorrat anlegen. Nur noch ein paar Wochen, dann tragen alle Eichen frische Eicheln. Vorerst reise ich erst einmal rüber in den Wald, um nachzudenken und auszuruhen. Es gibt dort weniger Hunde und Menschen, die mich bei der Schatzsuche stören. Meine **Schattenkobel** dort in den Tannen liegen ruhiger. Vielleicht träume ich während meines Nickerchens vom Schatz! Ich möchte vermeiden, dass er so wie der Letzte zu einem neuen Baum heranwächst. Jetzt wisst ihr sicher, was mein Schatz ist, oder? Es ist die allerdickste Nuss, die ich in diesem Jahr gefunden habe. Hoffentlich fällt mir endlich ein, wo sie vergraben ist ...

Eichhörnchen

Frankreich
Hauptstadt: **Paris**
Sprache: **Französisch**
Klima:
Natur:

Der Parc de Sceaux

Der Park liegt am Rand von Paris. Hier treffen sich Menschen und Tiere.

Schlafkobel

Komfort: ★★★☆☆

Eichhörnchen wohnen in Kobeln. Die sehen von außen ähnlich aus wie Vogelnester. Der Schlafkobel ist dick gepolstert, damit das Eichhörnchen gemütlich schlafen kann. Trotz dickem Moos und schönen Vogelfedern gibt es bei dieser Behausung im Park nur drei Sterne. Es ist hier zu laut.

Eiffelturm

Der Eiffelturm steht in Paris, ist ein sehr beliebtes Ausflugsziel und das höchste Klettergebäude der Stadt. Faule Menschen nehmen aber lieber den Fahrstuhl. Wir warten auf den ersten Eichhörnchen-Weltrekord beim Erklettern des Eiffelturms. Ein paar sportliche Menschen haben es schon vorgemacht.

Schattenkobel

Komfort: ★★★★★

Eichhörnchen haben nicht nur *einen* Kobel. Die meisten der Kobel sind Schattenkobel. Sie sind weniger luxuriös ausgestattet und dienen als Ruheplatz für Zwischendurch. Im Wald sind viele davon zu finden und es ist schön ruhig. Dafür gibt es fünf Sterne.

Reisewarnung

Der Baummarder jagt und verspeist sehr gerne Eichhörnchen! Man kann das fast nicht glauben, da er selbst gar nicht so viel größer als seine Opfer ist.

Bucheckern

Die leckeren Früchte der Rotbuche sind im September reif.

Dugong

Reiselust:

Reise für ☒ ein Tier ○ wenige Tiere ○ viele Tiere

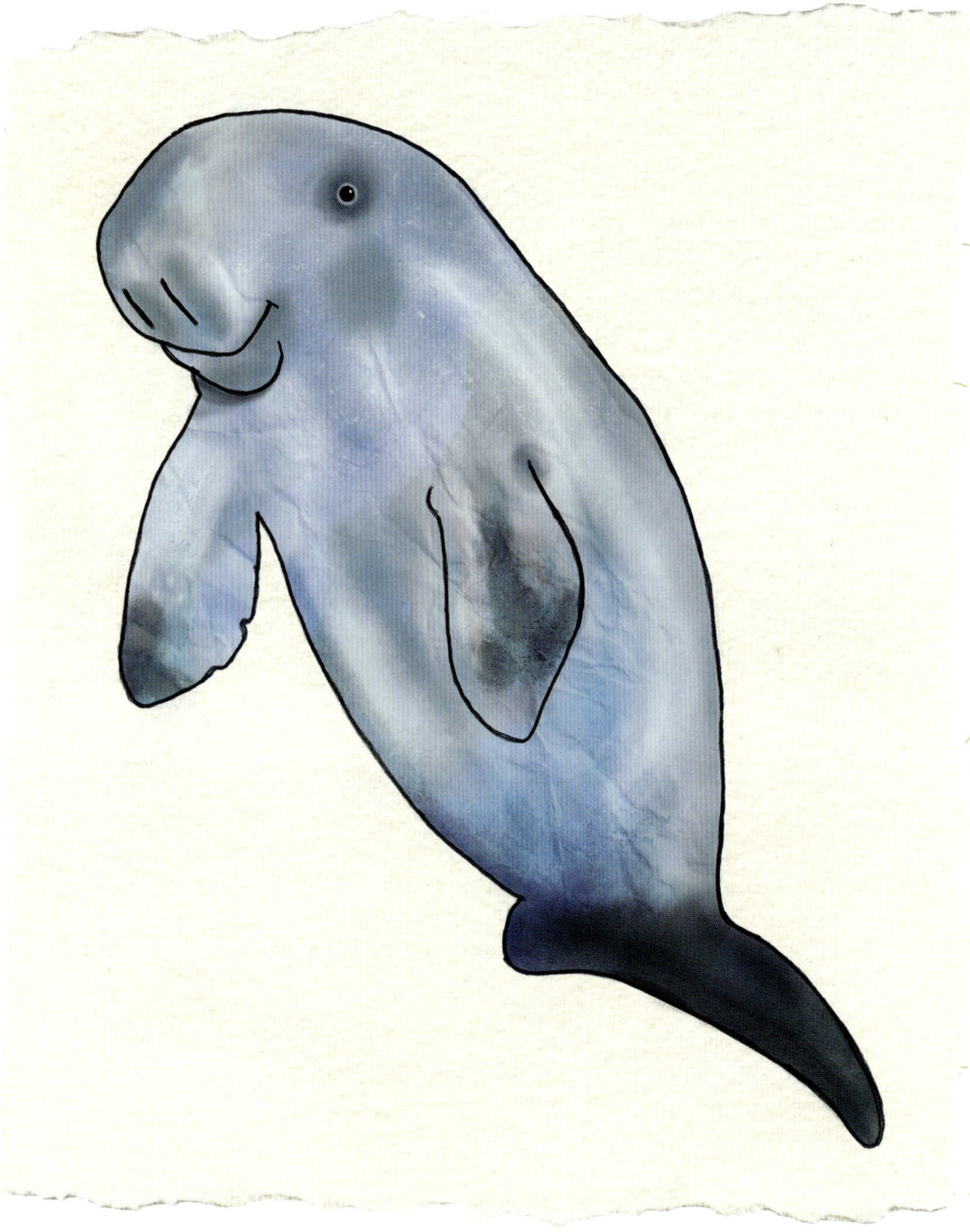

Selamat siang!
Ich bin Dhilan aus Indonesien.

MEINE REISE

Eigentlich brauche ich bloß eine saftige **Seegraswiese**, um zufrieden zu sein, am besten mit Wasser, das so warm ist wie in einer Badewanne. Das ist doch nicht zu viel verlangt, für ein so niedliches Tier wie mich ...

Mama hat mich immer einen possierlichen schwimmenden Elefanten genannt. Aber das stimmt nicht, ich bin ein Seeschwein! Nur weil Elefanten unsere engsten Verwandten an Land sind, bin ich noch lange nicht einer von ihnen. Ich mag Grünzeug genauso gern wie Elefanten, fresse es aber **unter Wasser**.

Wenn kein **Seegras** mehr da ist oder mir die Wassertemperatur nicht behagt, schwimme ich weiter. Allerdings nur ungern und gemächlich. Mein Ziel, das beste Seegras der Welt zu finden, ist mir trotzdem gelungen.

Zuhause in **Indonesien** haben die Menschen meine Lieblingsseegraswiese bei Bauarbeiten mit Schlamm überspült, also habe ich mich davongemacht. Unbeabsichtigterweise wurde es anstrengender als geplant, denn wie ihr wisst, schwimme ich am liebsten gemächlich. Irgendwann habe ich meine vertraute Küste aus den Augen verloren. Plötzlich gab es kein Seegras mehr weit und breit. Also bin ich schneller geschwommen, weil mein Hunger immer größer wurde.

Letztendlich habe ich über 1.000 Kilometer zurückgelegt. Ganz allein und ohne Mami! (Wobei, ohne Mami schwimme ich schon seit ich zwei bin.) Irgendwann kam Land in Sicht und dann auch endlich wieder eine schöne saftige Seegraswiese. Ich bin also aus Verfressenheit und Abenteuerlust zu den **Kokosinseln** geschwommen. Ein Dugong-Weltrekord! Wenn Mama das wüsste. Ich hoffe nun, dass mir noch ein hungriges Seeschwein-Mädchen hinterherschwimmt. Dann können wir Kinder bekommen, denn es ist echt schön hier.

Sagt also allen Bescheid, damit sich eine einen Ruck gibt und doch noch über das offene Meer schwimmt, anstatt immer bloß an der Küste rumzudümpeln. Es lohnt sich wirklich!!!

Dugong

Indonesien
Hauptstadt: Jakarta
Sprache: Indonesisch
Klima: 
Natur: 

Wasser
Komfort: ★★★★★
Wasser ohne Seegras ist zwar schön, aber macht hungrig.

Kokosinseln
Auf der Weltkarte sieht es so aus, als gehörten diese Inseln zu Indonesien; tatsächlich sind sie aber eine australische Inselgruppe. Hier wohnen nur rund 550 Menschen und ein Dugong. Außerdem gibt es natürlich viele Kokospalmen.

Rekord!
Dugongs sind keine Langstreckenschwimmer. Bisher ist nur ein Dugong bekannt, der ganz alleine über 1.000 Kilometer weit durch das offene Meer geschwommen ist.

Ankerleine
Komfort: ★★★★★
Die Ankerleine der Tauchboote ist eine tolle Möglichkeit zum Bauchkratzen. Dugongs benutzen sie auch zum Rückenschubbern oder als Zahnseide.

Reisewarnung
Dugongs können sich in den Fangnetzen der Fischerboote verfangen.

Seegras
Dugongs sind echte Rasenmäher. Sie fressen unter Wasser das Gras von den Seegraswiesen, und man kann an ihren Fressspuren erkennen, wo sie sich gerade den Bauch vollgeschlagen haben. Praktischerweise sind sie so die besten Gärtner, denn das Seegras, das nachwächst, ist noch besser. Weiter so, Dugongs!

Kokosinseln
Hauptstadt: West Island
Sprache: Englisch
Klima: 
Natur:  

Küstenseeschwalbe

Reiselust: 

Reise für ○ ein Tier ○ wenige Tiere ☒ viele Tiere

Aluu! Ich bin Naja, eine Küstenseeschwalbe aus Grönland.

MEINE REISE

Vor uns liegen die unendlichen Weiten der Weltmeere: bis zum Horizont nichts als Wasser. Seit August sind ich und mein Mann Carsten wieder unterwegs zum anderen Ende der Welt. Jedes Jahr aufs Neue! Wir sind echte Weltenbummler. Zweimal im Jahr fliegen wir um den halben Globus und sind damit die am weitesten reisenden Zugvögel der Welt. In unserem Leben – wir können 30 Jahre alt werden – legen wir eine Strecke zurück, die dreimal von der Erde bis zum Mond reicht! Sobald im August die Brutsaison beendet ist, brechen wir von **Grönland** auf. Jetzt liegt unser **Brutgebiet** mit unserem Nest und unserem begehrten Futter, den **Lodden**, bereits weit hinter uns.

Seit Tagen haben wir nichts anderes als den flachen Ozean unter unseren Flügeln, unsere Route führt uns geradewegs über das **offene Meer** Richtung Süden. Bis wir auf unsere Artgenossen stoßen, kann es noch dauern. Aber wir haben alle dasselbe Ziel: Wir steuern auf unseren ersten langen Zwischenstopp zu. Der liegt inmitten des Atlantischen Ozeans. Dort ist zwar kein Flecken Land in Sicht, aber andere Küstenseeschwalben werden für Abwechslung sorgen. Und es wird ein großes Fest sein, denn an dieser Stelle des Ozeans gibt es besonders viel und guten Fisch: Einen ganzen Monat lang werden wir uns die Mägen vollschlagen.

Dann erst geht es weiter, und wir müssen uns entscheiden: Wollen wir uns weiter rechts halten und an der schönen Küste Südamerikas vorbeifliegen? Oder lieber mehr links, die Küste Afrikas ist nämlich auch nicht schlecht? Ich denke immer: Hauptsache Richtung Süden und immer dem Schnabel nach. Auf der Rückreise werden wir mit allen gemeinsam fliegen, da wird sich für mich die Frage nach der Flugroute nicht stellen.

Aber vorerst ist unser Ziel das **Weddell-Meer** mit seinen Küsten und den **Eisbergen** der **Antarktis**. Während auf der Nordhalbkugel der Winter herrscht, ist dort Sommer und es scheint fast rund um die Uhr die Sonne; ganz so wie ein halbes Jahr später auf Grönland, wohin wir dann zurückkehren. Und Sonnenstrahlen haben wir liebend gern. Wir sind immer dort, wo die Sonne gerade am längsten scheint.

Küstenseeschwalbe

Grönland
Hauptstadt: Nuuk
Sprache: Grönländisch
Klima:

Natur:

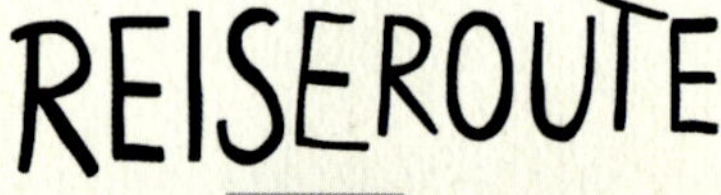

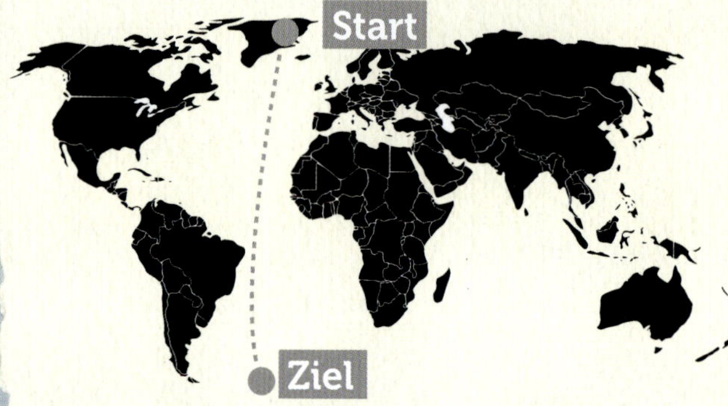

Forschungsschiff

Wissenschaftler verbringen viel Zeit auf Schiffen, um die Natur zu untersuchen. Küstenseeschwalben fliegen an ihnen unbeeindruckt vorbei.

P

Offenes Meer

Komfort: ★★★★★

Auf dem offenen Meer ist es echt schwierig sich auszuruhen, weil es keinen Landeplatz gibt.

Was ist ein Brutgebiet?

Ein Brutgebiet ist der Ort, wo Vögel ihre Nester bauen und ihre Jungen aufziehen. Dort gibt es das, was sie für sich und den Nachwuchs brauchen, also Futter, Platz und angenehme Temperaturen.

Rekord!

Die Küstenseeschalbe ist ein sportlicher Flieger – sie ist immer dort, wo die Tage am längsten sind. Dafür fliegt sie etwa 71.000 Kilometer pro Jahr.

Eisberg

Komfort: ★★★★★

Der Eisberg ist schön anzuschauen und ein toller Platz zum Ausruhen, es gibt auch sehr viel gutes Futter in seiner Nähe.

Lodde

Lodden sind kleine Fische, die große Schwärme bilden. Sie sind vor Grönland das Lieblingsfutter der Küstenseeschwalben.

Reisewarnung

Möwen haben die Eier und die Küken der Küstenseeschwalbe leider zum Fressen gern ...

Weddell-Meer

Es gibt in der Antarktis keine Hauptstadt, keine Landessprache und es wohnen dort auch nicht ständig Menschen so wie in den anderen Ländern. Weil es aber viele Tiere und Geheimnisse gibt, leben dort neugierige Wissenschaftler, die alles ganz genau erforschen wollen.

Antarktis

Klima: 

Natur: 

Bettwanze

Reiselust: 

Reise für ☒ ein Tier ○ wenige Tiere ○ viele Tiere

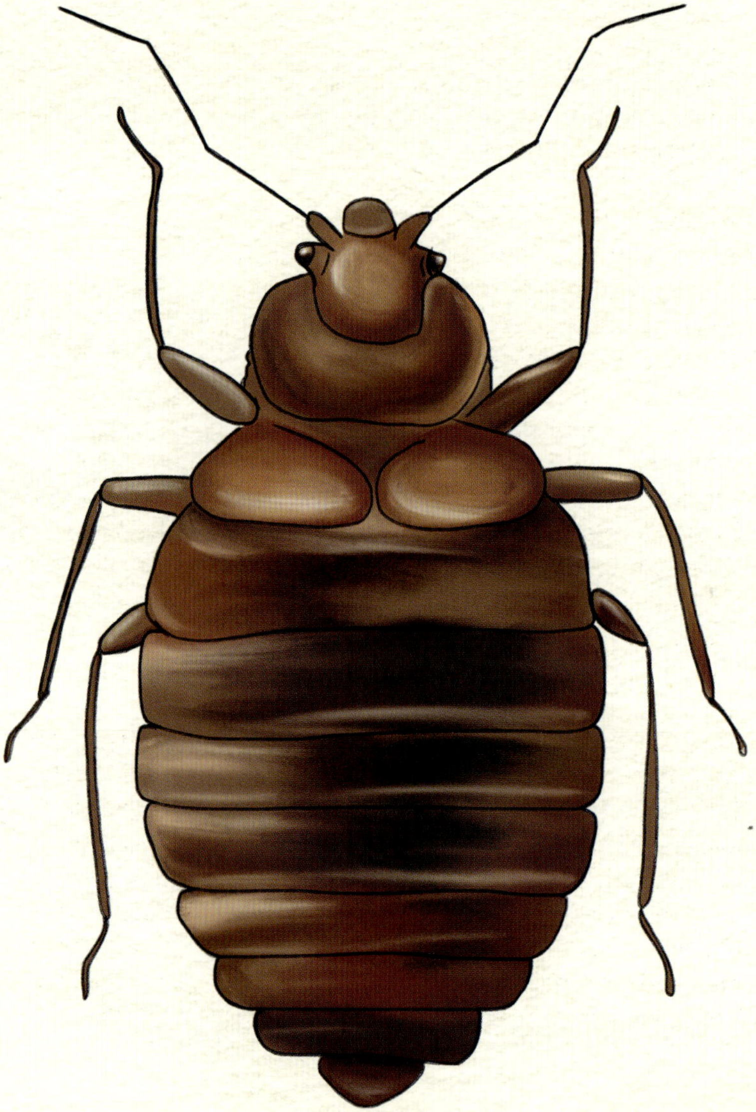

Greetings from New York,
ich bin Harold, eine Bettwanze
mit großen Zielen.

MEINE REISE

Wir Bettwanzen sind ein reisefreudiges Völkchen: Immer auf der Suche nach einer warmen und dunklen Stelle, von der aus wir uns nachts auf die Suche nach Futter begeben können. Gefällt es uns irgendwo nicht mehr, lassen wir uns am liebsten von anderen tragen. Eine mit mir befreundete Bettwanze ist freiwillig 65 Meter weit gelaufen; das kommt beim Menschen einem Marathon gleich. Mir würde nie und nimmer einfallen, so weit zu laufen. Viiiieeel zu anstrengend!

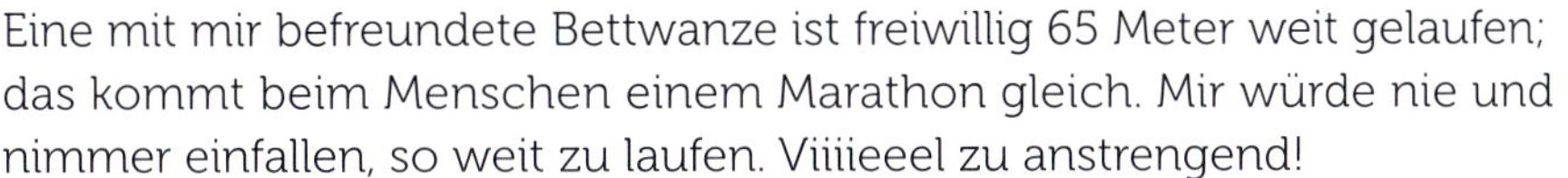

Mein bisheriges Leben verbrachte ich in einem Hotel in **New York**. Bis vor Kurzem habe ich in der Ritze hinter einem **Hotelbett** gewohnt. Auch der Rahmen eines Blumenbildes war mal meine Unterkunft. Jetzt hat mich die Abenteuerlust gepackt. In ein Hotel kommen viele Touristen, und ich kann – wenn ich mich nur ein kleines bisschen anstrenge – bis in ihr Gepäck wandern. Der Menschengeruch an der Wäsche der Touristen hat es mir angetan. Für diesen betörenden Duft habe ich mich ausnahmsweise weiter als sonst bewegt. Nun sitze ich in einem Koffer und bin gespannt, wohin die Reise geht. Während ich die Menschen gut riechen kann, sind die offenbar nicht fähig, mich zu riechen. Sonst wären sie gewiss nicht in diesem Hotel geblieben, denn ich kenne niemanden, der mich wirklich gern hat. Menschen schätzen es gar nicht, dass ich ihr **Blut** als Futter nutze. Bettwanzen sind wie Mücken, nur nicht flugfähig. Und, na gut, wir sehen auch anders aus. Aber Mücken und Bettwanzen verbindet der Hunger nach frischem Blut.

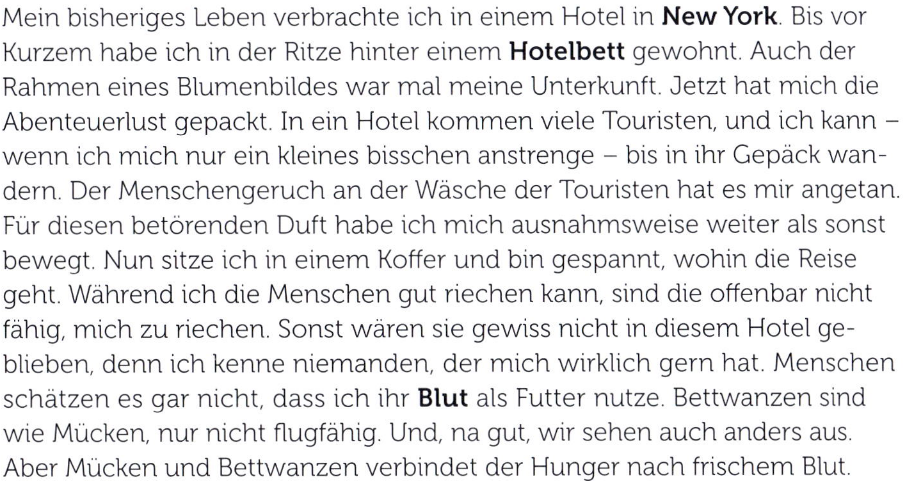

Jetzt hoffe ich, dass die Touristen mich an einen interessanten Ort mitnehmen. Mein Traumziel wäre **London**. Ich reise am liebsten im Handgepäck und in der teuersten Flugklasse. Da ist es warm. Nicht so eisig wie im Frachtraum. Sobald der Koffer wieder aufgeht, werde ich mich nach einer sicheren Ritze umsehen. Und wenn es keine guten Futterquellen gibt, reise ich einfach weiter. Dann vielleicht mal auf einem Vogel. Dessen Blut schmeckt auch vorzüglich. Mit etwas Glück trägt er mich, während ich genüsslich speise, in ein anderes spannendes Land. Ihr merkt, das Leben einer Bettwanze kann ganz schön aufregend sein.

Bettwanze

USA
Hauptstadt: Washington
Sprache: Englisch
Klima: 
Natur: 

REISEROUTE

Hotelbett

Komfort: ★★★★★

Hotelbetten haben viele dunkle Ritzen zum Ausruhen für Bettwanzen. Aber sie verursachen bei reiselustigen Bettwanzen Fernweh. Deshalb gibt es nur drei Sterne, denn oft wollen Bettwanzen gleich weiterreisen.

Gutschein für einen Freiflug

gültig auf einem Vogel oder in einem Flugzeug

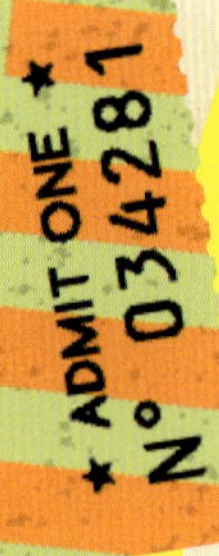

Reisewarnung

Menschen benutzen die Blätter einer Bohnenpflanze, um Bettwanzen zu fangen. Sie legen sie rund um das Bett aus. Wenn dann die kleinen Blutsauger nachts zum Fressen aufbrechen, verheddern sie sich mit ihren zarten Beinchen in den feinen Härchen der Blätter. Am Morgen kehren die Menschen Blätter samt Bettwanzen zusammen. Doof für die Bettwanze, praktisch für die Menschen.

Bettwanzen und Pharaonen

Bettwanzen gab es schon bei den alten Ägyptern. Wissenschaftler fanden bei Ausgrabungen im Dorf Tell el-Amarna Fossilien von Bettwanzen, die rund 3.350 Jahre alt sind. Somit haben Bettwanzen bereits die Pharaonen geplagt.

P

Koffer

Komfort: ★★★★★

Bettwanzen reisen gern. Dabei schlüpfen sie zwischen die Kleider in einen Koffer. Dort ist es dunkel und riecht nach Mensch, aber es ist nicht immer warm.

Blut

Bettwanzen brauchen Blut zum Überleben. Dazu saugen sie nicht nur an Menschen, sondern auch an vielen Tieren.

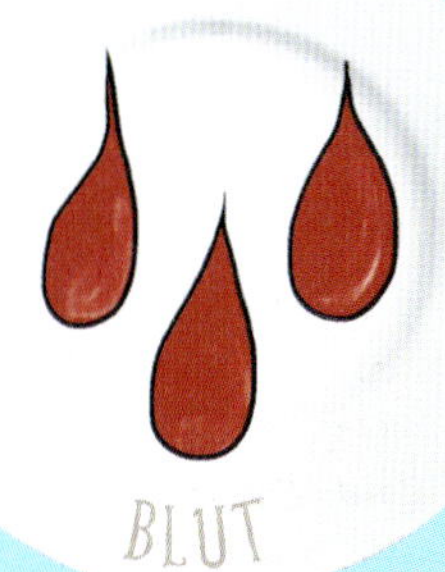

Großbritannien

Hauptstadt: London
Sprache: Englisch
Klima: 
Natur: 

Monarchfalter

Reiselust:    

Reise für ○ ein Tier ○ wenige Tiere ☒ viele Tiere

Hello, mein Name ist Jill und ich bin ein Monarchfalter.

MEINE REISE

Bis vor Kurzem habe ich in der Nähe von Guelph, einer Stadt in **Kanada**, gewohnt. Auf der Suche nach Nektar flog ich von Blüte zu Blüte. Nektar ist sehr wichtig für uns Schmetterlinge. Er ist der Treibstoff, den wir an der **Blume** tanken – pardon, mit unserem Rüssel aufsaugen.

Während ich also tagein und tagaus Nektar sammelte, merkte ich, dass sich die Länge der Tage allmählich veränderte: Es wurde immer später hell und immer früher dunkel. Mit den Temperaturen stimmte auch etwas nicht, sie schwankten plötzlich, mal war es **kalt**, mal warm. Als dann auch noch meine Lieblingspflanzen ihren Duft änderten, wurde es mir zu viel. Ich bin einfach meinem Instinkt gefolgt und habe mich mit Millionen anderen Monarchfaltern auf die Reise begeben. Denn wenn es einem irgendwo nicht mehr gut geht, wechselt man seinen Aufenthaltsort.

Unterwegs verlasse ich mich ganz auf meine Navigationssysteme: Ich habe so etwas wie unsichtbare **Kompasse** in meinem Kopf und in den Fühlern. In den Fühlern steckt zudem mein Geruchssinn. Er hilft mir ebenfalls, um auf Reisen den richtigen Weg zu finden.

Seitdem ich aufgebrochen bin, habe ich täglich mehrere Hundert Kilometer zurückgelegt und schöne Landschaften und Pflanzen entdeckt. Es ist ein Glück, dass ich aus dem Osten Kanadas stamme. Dadurch sind meine Flügel dicker und länger als bei fast allen anderen Monarchfaltern auf der Welt. Und genau so muss es auch sein, denn nur dann schaffe ich es, über 4.000 Kilometer weit bis nach Mexiko ins Winterquartier zu fliegen. Dafür brauche ich länger, als die meisten von euch Schulferien haben: nämlich 8–12 Wochen.

In **Mexiko** feiern die Menschen unsere Ankunft, und ich freue mich über den herzlichen Empfang. Nun sitze ich mit unzähligen anderen Monarchfaltern meiner Kolonie auf einer **Heiligen Tanne** und träume den Winter lang davon, wo ich auf meiner Rückreise meine Eier legen werde. Ich habe gehört, dass aus Raupen, die Seidenpflanzen fressen, starke Falter werden. Ich glaube, das probiere ich aus – aber vorerst ist Pause: Ich freue mich auf den kommenden Frühling!

Monarchfalter

Kanada
Hauptstadt: Ottawa
Sprachen: Englisch, Französisch
Klima: 
Natur:

REISEROUTE

Start

Ziel

P

Blumen

Komfort: ★★★★★

Blumen sind die Tankstellen der Schmetterlinge. Sie bieten Nektar und einen Platz zum Ausruhen. Das gibt Energie für die lange Reise. Einfach perfekt.

Forscherteam

Monarchfalter sind geheimnisvoll und wichtig für die Umwelt. Um mehr über sie zu erfahren, werden sie mit Stickern markiert. Große und kleine Wissenschaftler helfen beim Aufkleben der Sticker, um Details über ihre Reiseroute herauszufinden. Wenn ihr auch Forscher werden wollt, sucht mal nach „Citizen Science" im Internet.

Goldruten-Nektar

Nektar ist eine Flüssigkeit, die auch in den Blüten der Goldruten zu finden ist. Er schmeckt den Faltern besonders gut. Gleichzeitig helfen die Schmetterlinge den Goldruten bei der Vermehrung, weil sie ihre Blütenpollen verteilen. Lecker und nützlich!

GOLDRUTEN-NEKTAR

Heilige Tanne

Komfort: ★★★★★

Die Monarchfalter treffen sich immer auf denselben Bäumen in Mexiko. Gemeinsam mit der ganzen Kolonie ist es einfach schöner.

Kompass

Kompasse helfen Menschen und Tieren auf ihren Reisen. Sie zeigen die Himmelsrichtungen an. Viele Tiere haben einen inneren Kompass und wissen deshalb, in welche Richtung sie gerade reisen. Sie müssen nicht extra einen Kompass mitnehmen.

Reisewarnung

Monarchfalter müssen sich vor Kälte hüten. Schnell in den Süden, wo es warm ist!

Ziel

Mexiko

Hauptstadt: **Mexiko-Stadt**

Sprache: **Spanisch**

Klima: 

Natur:  

Regenbogentukan

Reiselust: 

Reise für ○ ein Tier ☒ wenige Tiere ○ viele Tiere

Olà, ich bin Salvatore und komme aus Los Tuxtlas in **Mexiko**.

MEINE REISE

Zugegeben, ich bin ein miserabler Flieger. Deshalb reise ich lieber kurz und knapp. Das passt zu meinem Äußeren: Ich habe einen riesigen Schnabel und einen dicken kleinen Körper. So sieht kein Zugvogel aus! Langstreckenflüge versuche ich erst gar nicht: Schon vor längerer Zeit habe ich mir in der Nähe einen Baum gemerkt, in den ich umziehen werde. Und jetzt ist es an der Zeit! Ich brauche den Baum.

Meine Frau hat mir zu verstehen gegeben, dass sie endlich eine neue Bruthöhle beziehen möchte. Unsere alte ist einfach nicht mehr bequem. Nun muss ich den erwähnten Baum wiederfinden und besetzen. Hoffentlich hat mittlerweile ein anderer **Specht** eine schöne Höhle hineingemeißelt. Mein Schnabel taugt nämlich nicht dafür. Er ist zwar schön, aber lang und hohl. Und damit völlig ungeeignet, um in Bäume Bruthöhlen zu hacken. Deshalb suche ich bereits fertig gebaute Höhlen.

Leider bin ich ein bisschen vergesslich. Keine gute Voraussetzung, um meiner Frau die gewünschte **Bruthöhle** zu verschaffen. Doch ich weiß mir zu helfen. Mit einer kleinen Gruppe Tukane flattere ich durch den Regenwald. Wir stoppen an jeder Verlockung: ein paar **Früchte** hier, ein bisschen Ausruhen dort. Dann geht es quakend weiter. Beim Fliegen quaken wir vorsichtshalber wie Frösche. Damit warnen wir alle vor unseren Sturzflügen.

Der Sturzflug ist die Königsdisziplin eines jeden Tukans. Dabei muss ich die Flügel nicht benutzten. Aber fragt lieber nicht, wie ich ausreichend an Höhe gewinne, damit mein Sturzflug nicht zu rasch endet. Anstrengend ist das. Deshalb denke ich auch nur von einem Baum zum anderen. Einen schaffen wir noch! Und dann taucht er endlich auf: mein auserwählter Baum. Schnell nachschauen, ob ein Specht eine **Höhle** hineingetrieben hat. Ja! Ich besetze die Höhle, denn der Baum gehört zweifelsfrei mir. Ich habe ihn schließlich voriges Jahr als neues Zuhause erwählt. Die anderen schicke ich los, um meine Frau herzulotsen. Hauptsache, ich muss keinen Flügelschlag mehr machen. Puhh, geschafft.

Regenbogentukan

Mexiko
Hauptstadt: Mexiko-Stadt
Sprache: Spanisch
Klima: 
Natur: 

Baum ohne Bruthöhle

Komfort: ★★★★★

Der Tukan fliegt von Baum zu Baum. Wenn diese dicht beieinander stehen, ist alles gut. Noch besser sind Obstbäume und Bäume mit Bruthöhle. Ohne diese Extras bekommt der Baum nur drei Sterne.

Breiapfelbaum

Gegen den kleinen Hunger zwischendurch frisst der Tukan gern von den Früchten des Breiapfelbaumes.

Briefmarken

Ganz Lateinamerika liebt Tukane. Deshalb findet man sie überall. Hier auf einer Briefmarke.

Inga-Frucht

Tukane sind Schleckermäuler. Sie naschen gern von den Früchten der verschiedenen Inga-Bäume im Regenwald. Wenn Tukane viele Obstsorten gefressen haben, entsteht ein Obstsalat in ihrem Bauch.

Baum mit Bruthöhle

Komfort: ★★★★★

Im linken Feigenbaum gibt es einen Eingang zur Bruthöhle. Es wohnt sich ganz vorzüglich in der Fertighöhle; dafür gibt es fünf Sterne.

INGA-FRUCHT

Spechte

Viele Spechte sind bekannt dafür, dass sie mit ihrem scharfen Schnabel geduldig auf Holz einhacken und so Höhlen bauen, in denen sie ihre Jungen großziehen. Der Tukan ist zwar ein Spechtvogel, aber sein Schnabel ist kein Werkzeug zum Höhlenbauen. Deshalb sucht er Unterschlupf in den bezugsfertigen Höhlen seiner nahen Verwandten.

Reisewarnung

Wenn der Wald an vielen Stellen abgeholzt wird, gibt es nicht mehr so viele Bäume, auf denen der Tukan leben und von denen er fressen kann. Außerdem muss er dann viel weiter fliegen und das mag er nicht so gern.

Tarnstellung

Wenn Menschen Yoga machen, verrenken sie ihre Körperteile ziemlich seltsam. Ähnlich wie der Tukan, der beim Schlafen seinen Schnabel auf den Rücken legt und sich in ein Knäuel aus Federn verwandelt. Dadurch ist er nicht so leicht zu entdecken. Fast wie Menschen, die in freier Natur die Yogafigur namens „Baum im Wald" machen.

Marienkäfer

Reiselust:    

Reise für ○ ein Tier ○ wenige Tiere ☒ viele Tiere

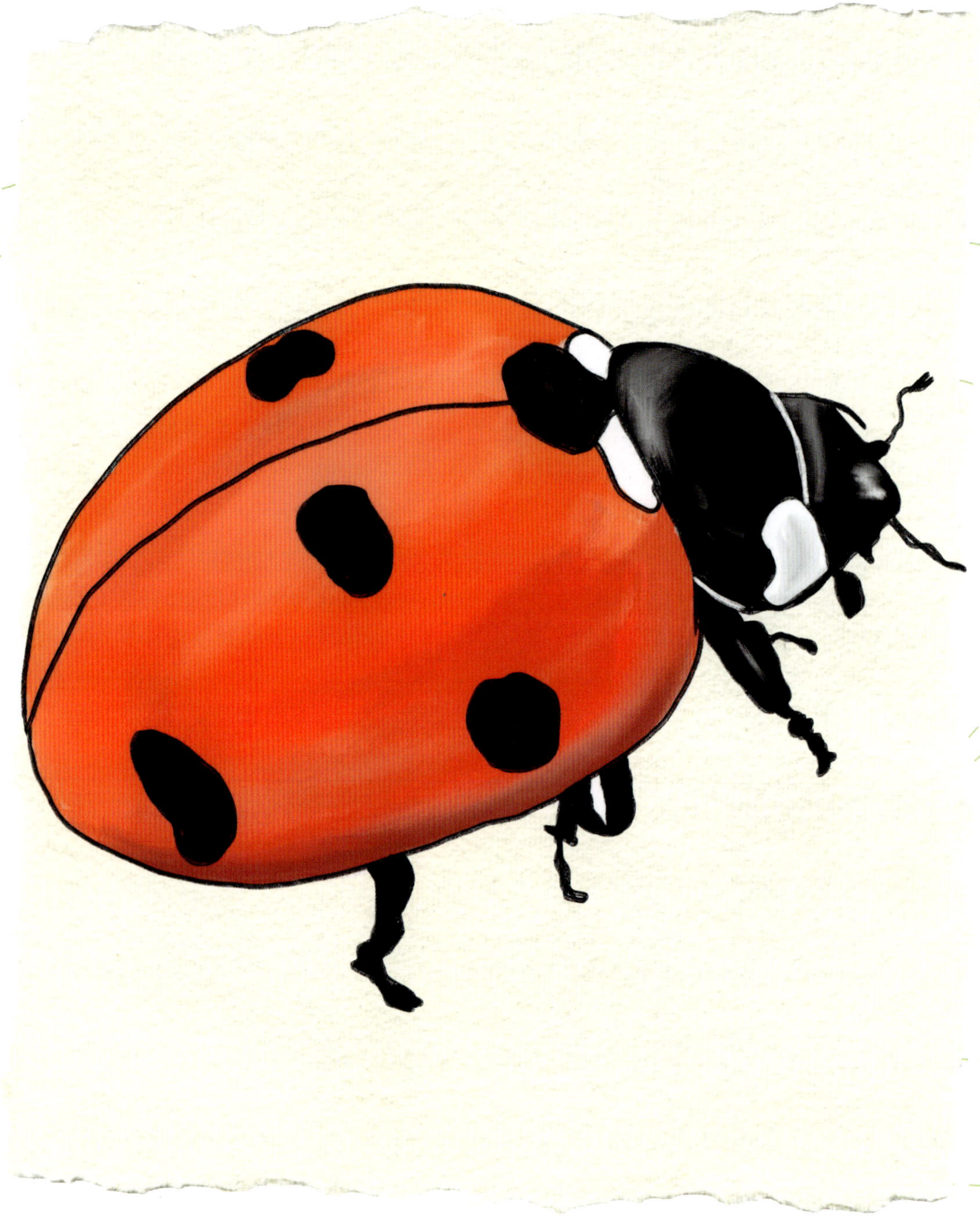

Moin, mein Name ist Bernhard! Ich bin ein Siebenpunkt-Marienkäfer und wurde in Norddeutschland geboren.

MEINE REISE

Ich bin ein Marienkäfer mit einem wichtigen Auftrag. Ich kontrolliere und schütze Pflanzen. Für meine Arbeitseinsätze bin ich sogar schon mit der Post gereist.

Mein Flug in einer **Transportbox** war sehr gut. Es gab Proviant an Bord. Meine Kollegen und ich haben jeder eine eigene Blattlaus bekommen. Ich habe das mal durchgezählt: Ich bin mit zweihundert anderen **Marienkäferlarven** und genau so vielen Blattläusen gereist. Am Ende war keine Blattlaus mehr übrig und ich hatte meinen ersten Auftrag perfekt erledigt.

Damals war ich noch sehr jung und sah gar nicht aus wie ein Marienkäfer. Dennoch hat sich meine Leidenschaft seitdem nicht geändert: Ich arbeite immer noch im Beruf als Pflanzenschützer und schwärme für **Blattläuse**. Die saugen gern am Pflanzensaft, und ich weiß alles über sie: Wo sie sitzen, wie sie sich bewegen und vor allem, wie köstlich sie schmecken.

In **Österreich** bin ich in die Freiheit entlassen worden. Das ist sehr weit weg von meinem Geburtsort in **Norddeutschland**. Ich bin stolz, dass ich gleich bei der ersten Reise einen wichtigen internationalen Auftrag bearbeiten durfte. In Österreich habe ich mich auf Blattläuse in Weinbergen spezialisiert. Die sitzen auf den **Weinreben** und saugen den Pflanzensaft heraus. Ich fliege meine Kontrollrunden und entscheide, was zu tun ist. Meine Dienstreise besteht aus einem einzigen langen Essen. Am Rebstock, den ich heute bearbeite, sitzen besonders viele Blattläuse. Mit dem werde ich noch morgen zu tun haben. Danach fliege ich zum nächsten. Es wird ein arbeitsreicher Sommer in den Weinbergen, um alle Rebstöcke lausfrei zu halten.

Im Winter werde ich mir eine schöne Bleibe in der Stadt suchen. Ich habe gehört, dass die Menschen zu Weihnachten Nadelbäume in die Wohnungen stellen. Das möchte ich mir anschauen. Schließlich wohnen viele meiner Artgenossen in Südeuropa auf Kiefern. Es könnte so ähnlich sein. Hoffentlich wird der Weihnachtsbaum mit leckeren Läusen geliefert. Das wäre ein wundervolles Weihnachtsgeschenk für mich und das Ende dieser Dienstreise. Endlich Ferien!

Marienkäfer

Deutschland
Hauptstadt: Berlin
Sprache: Deutsch
Klima: 
Natur: 

Transportbox

Komfort: ★★★★☆

In der Transportbox reisen Marienkäferlarven wie im Schlafwagen. Es gibt ein weiches Bett und als Proviant eine Laus.

Larve

Marienkäferlarven verwirren Blattläuse gern. Sie sehen anders aus als die erwachsen Käfer und fressen trotzdem schon viele Blattläuse. So viele, dass man auf diesem Bild nur noch die Larve des Siebenpunkt-Marienkäfers sehen kann.

Reisewarnung

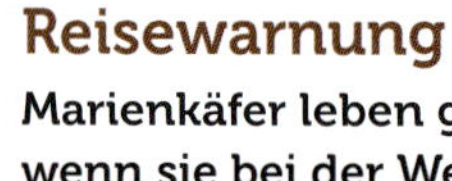

Marienkäfer leben gefährlich, wenn sie bei der Weinlese zwischen den Trauben ausruhen. Dann können sie aus Versehen eingesammelt werden und die leckeren Blattläuse auf den Weinblättern sind plötzlich unerreichbar.

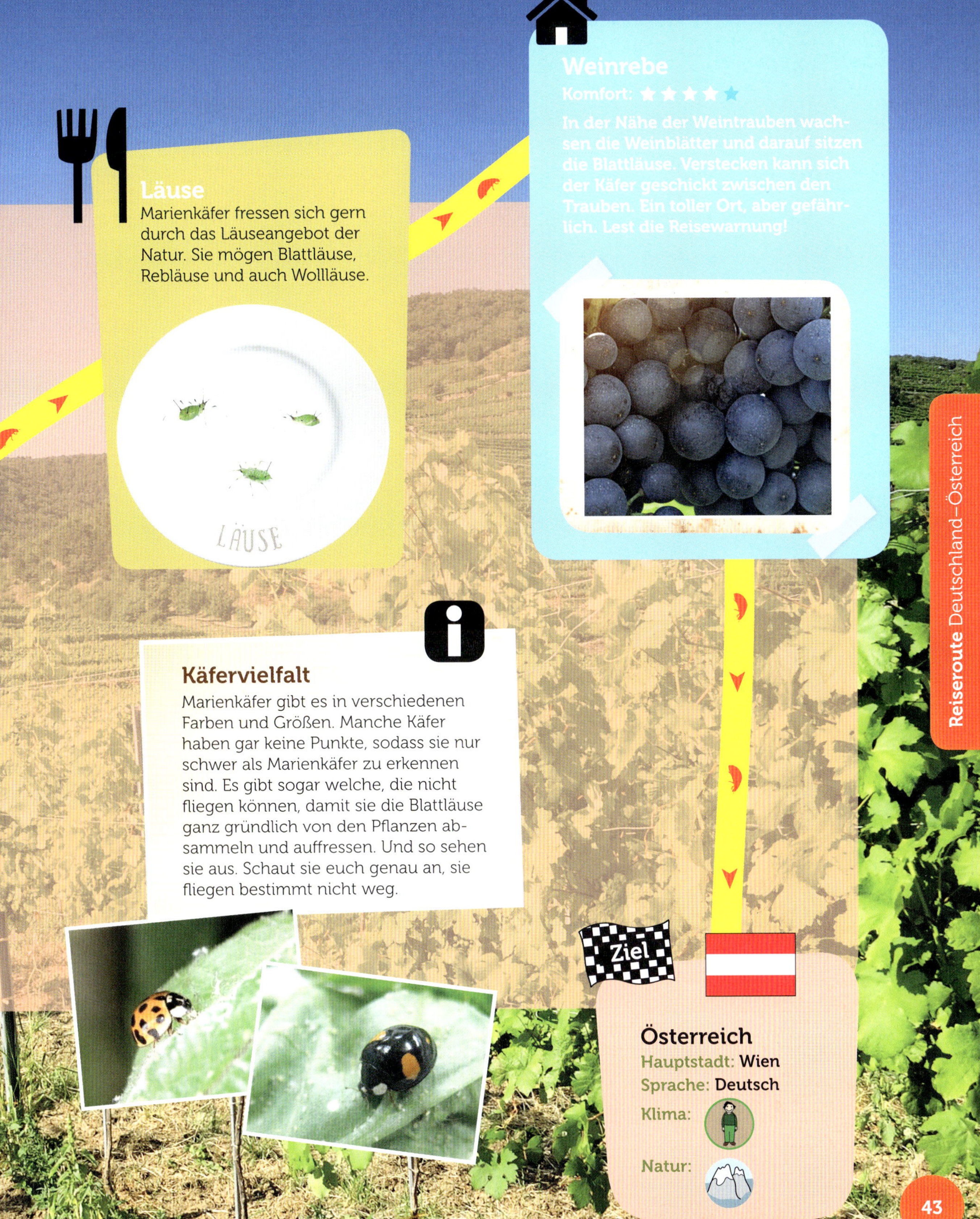

Läuse

Marienkäfer fressen sich gern durch das Läuseangebot der Natur. Sie mögen Blattläuse, Rebläuse und auch Wollläuse.

Weinrebe

Komfort: ★★★★★

In der Nähe der Weintrauben wachsen die Weinblätter und darauf sitzen die Blattläuse. Verstecken kann sich der Käfer geschickt zwischen den Trauben. Ein toller Ort, aber gefährlich. Lest die Reisewarnung!

Käfervielfalt

Marienkäfer gibt es in verschiedenen Farben und Größen. Manche Käfer haben gar keine Punkte, sodass sie nur schwer als Marienkäfer zu erkennen sind. Es gibt sogar welche, die nicht fliegen können, damit sie die Blattläuse ganz gründlich von den Pflanzen absammeln und auffressen. Und so sehen sie aus. Schaut sie euch genau an, sie fliegen bestimmt nicht weg.

Österreich

Hauptstadt: Wien
Sprache: Deutsch
Klima:
Natur:

Wollhandkrabbe

Reiselust: 

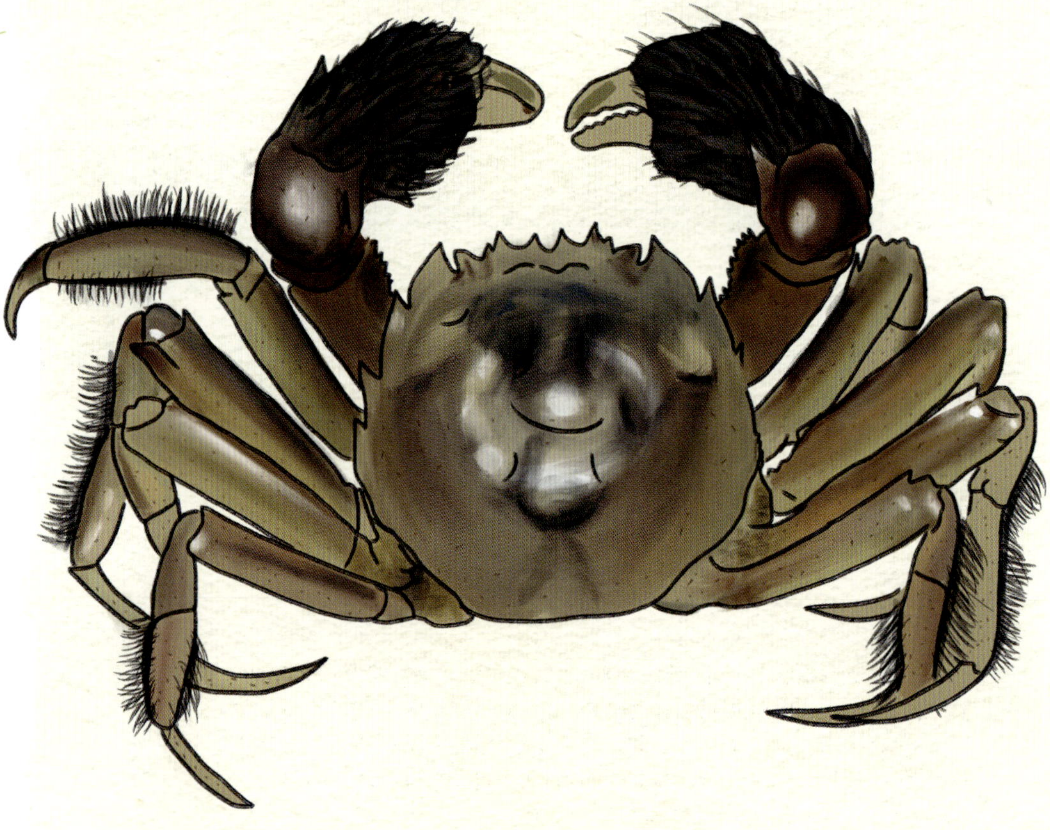

MEINE REISE

Meine Vorfahren haben sich in China in die **Ballastwassertanks** großer Frachtschiffe geschlichen, um ein Abenteuer in der Fremde zu erleben. In Hamburg sind sie von Bord gegangen und hier in Norddeutschland heimisch geworden. Aus diesem Grund fühle ich mich halb chinesisch und halb deutsch.

Momentan krabble ich auf ihren Spuren durch den **Hamburger Hafen**, bald aber werde ich die Elbe flussaufwärts in Richtung Quelle wandern – ich ziehe nämlich Süßwasser dem salzigen Meerwasser vor.

Auf meiner Wanderung treffe ich immer wieder auf **Stauwerke** im Fluss und muss dann sehen, wie ich diese Hindernisse überwinden kann. Notfalls klettere ich sogar senkrechte Wände empor. Wo die Menschen für die Fische eigene Aufstiegshilfen errichtet haben, die Fischtreppen, benutzen freilich auch wir Wollhandkrabben diese bequeme Ausweichroute. Was die Fische und die Menschen nicht so gerne sehen.

Die Fische in der Elbe werden sehr gut versorgt. Es liegen Körbe im Wasser, in denen Leckereien versteckt sind. Die Menschen nennen sie Köder. Wenn ich großes Glück habe, sind in den Körben Köder und Fische! Dann kann ich mich entscheiden, was ich lieber fressen möchte. Fische außerhalb der Körbe kriege ich nicht so leicht mit meinen wolligen Zangen gepackt. Gleich dort hinten sehe ich eine **Aalreuse**; ich werde mal drin nachsehen. Mit meinen wolligen starken Scheren kann ich mich freischneiden, wenn ich wieder raus will.

So geht es langsam, aber sicher weiter in Richtung **Tschechien**, immer auf dem Grund der Elbe entlang. Solange bis es mich nach 1.000 Kilometern Wanderung wieder zurück in das Mündungsgebiet der Elbe zieht. Dann lasse ich mich von der Flussströmung in das Salzwasser der Nordsee treiben und lege meine Eier ab. Mein Nachwuchs hat nämlich am Anfang seines Lebens noch keinen dicken Panzer und braucht das Salzwasser des Meeres.

Bis dahin: Macht es gut und besucht mich doch mal im Frühjahr an einer Fischtreppe!

Wollhandkrabbe

Deutschland
Hauptstadt: Berlin
Sprache: Deutsch
Klima: 

Natur: 

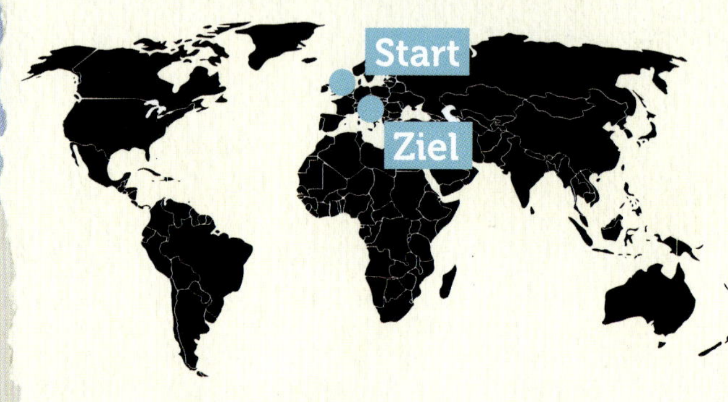

Hamburger Hafen

Komfort: ★★★★★

Im Hamburger Hafen sind die ersten Wollhandkrabben angekommen, daran erinnern sich alle gern. Es ist aber auch sehr laut und unruhig. Deshalb gibt es nur drei Sterne.

Ballastwassertank

Ballastwassertanks sorgen im Bauch von großen Schiffen dafür, dass diese auf hoher See nicht das Gleichgewicht verlieren und umkippen. Manchmal werden mit dem Ballastwasser versehentlich auch kleine Tiere in die Tanks gepumpt. Die schaukeln dann darin hin und her wie in einem Karussell, bis sie – sobald die Tanks wieder geleert werden – in einem anderen Land das Schiff wieder verlassen.

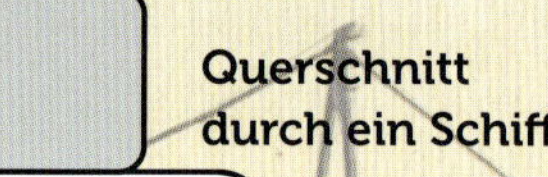

Wahrzeichen

Im Hamburger Hafen muss sich die Wollhandkrabbe entscheiden, ob sie links oder rechts am neuen Konzerthaus in der Hafen-City vorbeischwimmen möchte.

Fadenalgen

Fadenalgen können sehr dünne Fäden bilden. Grüne Fadenalgen-Spaghetti sind sehr praktisch mit den Scheren abzuernten. Lecker: Unterwasser-Spaghetti für Wollhandkrabben!

Stauwerke

Stauwerke in Flüssen dienen dazu, Strom zu gewinnen oder Schiffe über große Höhenunterschiede zu schleusen. Nicht alle Flusstiere kommen problemlos an diesen Hindernissen vorbei. Wollhandkrabben stören sich nicht daran, sie sind gute Kletterer. Meist verstopfen sie aber die Fischtreppen, weil sie so nicht aus dem Wasser müssen. Die Fische müssen dann warten.

Aalreuse

Reusen sehen aus wie seltsame Käfige aus Draht und Netz. Damit werden Fische gefangen. Aalreusen sind eigens für Aale gebaut, aber auch Wollhandkrabben sehen darin ab und zu nach dem Rechten.

Reisewarnung

Vorsicht vor den Elbfischern! Wollhandkrabben kommen ursprünglich aus Asien. Chinesen verspeisen sie besonders gern. Das haben die Elbfischer irgendwann auch erfahren. Sie fischen die Krabben nun aus der Elbe und verkaufen sie nach China.

Ziel

Tschechien

Hauptstadt: Prag
Sprache: Tschechisch
Klima: 
Natur: 

Erdkröte

Reiselust:    

Reise für ○ ein Tier ⊗ wenige Tiere ○ viele Tiere

Habe die Ehre, mein Name ist Kurt, ich bin eine österreichische Erdkröte.

MEINE REISE

Im Vergleich zu meinen Kollegen im Flachland bin ich der wohl mutigste **Lurch** und die weltweit beste Kletterkröte! Ungesichert kraxle ich durch die Alpen. Selbst vor Steilhängen mache ich nicht Halt.

Jeden Frühling unternehme ich eine anstrengende Klettertour und starte im **Lärchenwald** weit oben im **Hagengebirge** in **Österreich**. Mein Ziel ist der einsame und verlassene Schlumsee; er entsteht erst, sobald der Schnee schmilzt. Dann kratze ich meinen ganzen Mut und meine Klettererfahrung zusammen und die Reise kann beginnen. Die Abhänge auf meiner Kletterroute sind bis zu **65 Grad** steil. Egal, ich werde es schaffen. Und in diesem Jahr werde ich bestimmt ein Weibchen für die Paarung finden. Schließlich bin ich diesmal rechtzeitig losgezogen. In den letzten Jahren habe ich zu lange das Klettern geübt, sodass ich nicht pünktlich mit den ersten Kröten unten am See war. Dort findet die Paarung statt! Weil es aber bei uns Kröten viel weniger Weibchen als Männchen gibt, müssen Krötenmännchen rechtzeitig loswandern.

Nun rutsche ich also das erste Mal in meinem Leben bäuchlings den teilweise noch vereisten Abhang hinab, der sich vor mir erstreckt. Mein Ziel, den See, habe ich immer fest im Blick. Und da ... – plötzlich taucht eine einzelne Krötendame vor mir auf! Gleich habe ich sie eingeholt, kann auf ihren Rücken klettern und mich den Rest des Abhangs hinunter zum See tragen lassen. Das ist der schönste Teil der Reise – mein Bauch wird gewärmt von ihrem Rücken! Unten angekommen wird sie unseren **Laich** in das Wasser legen, schön aufgefädelt wie Perlen an einer Kette.

Die Kaulquappen, die daraus schlüpfen, wachsen mit dem sportlichen Ziel auf, schnell groß zu werden – noch bevor im Sommer der Schlumsee austrocknet. Bis dahin muss ihre Entwicklung zur Kröte abgeschlossen sein. Anschließend marschieren sie den Steilhang empor zu den warmen Lärchenwäldern. Unten am See ist es zu kühl, um das ganze Jahr zu verbringen. Die ersten 400 Höhenmeter sind für unseren sportlichen Nachwuchs bestimmt kein Problem.

Erdkröte

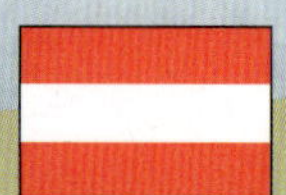

Österreich
Hauptstadt: Wien
Sprache: Deutsch
Klima:

Natur:

Seewasser

Komfort: ★★★★★

Der Schlumsee fühlt sich zu Beginn des Frühlings an wie ein eiskaltes Tauchbecken. Er speist sich nämlich aus dem Schmelzwasser der umliegenden Gletscher. Brrr …

Lurch

Lurch ist ein anderes Wort für Amphibien. Das sind Kröten, Frösche und Salamander. Zu ihren besonderen Fähigkeiten zählt, dass sie alle über ihre empfindliche Haut atmen und trinken können. Je kälter es wird, desto langsamer werden die Lurche. Wenn es warm ist, können sie sich dagegen schneller bewegen. Der Grund ist, dass sie ihre Körpertemperatur der Außentemperatur anpassen. Deshalb bewegen sie sich im Winter gar nicht, sondern verfallen in eine Kältestarre.

Kletterwand

Kurze Kletterpause für die Erdkröte. Der Steilhang ist gleich bewältigt, es bleibt noch Zeit für ein Foto. Im Hintergrund ist schon das Ziel zu erkennen: der See.

So steil kann eine Kletterwand sein:

65 Grad

Krötenforscher

Ein Männlein steht im Walde ... Hier heißt das Männlein Marc und sucht nach Erdkröten. Er erforscht die Krötenwanderung am Schlumsee und hält eine Krötenantenne in der Hand. Damit kann er die reisenden Kröten wiederfinden, die einen Sender tragen. Und er findet sie auch im Regen und an Steilhängen. Danke Marc! Ohne dich wüssten wir nichts von Kurt.

Lärchenwald

Komfort: ★★★★★

Der Lärchenwald ist warm und duftet gut. Klar, dass die Kröten die meiste Zeit des Jahres dort verbringen.

Springschwänze

Das Springschwanz-Buffet ist eröffnet! Die Springschwänze sind winzig klein und wohnen auf dem Boden. Manchmal springen sie direkt in das Maul einer hungrigen Erdkröte. Fantastisch!

Laich

Die Eier von Amphibien heißen Laich und sehen immer ein bisschen anders aus. Kröten legen ordentlich aufgereihte Eier in Form von Perlenschnüren ins Wasser, während Froscheier wie klumpige Weintraubenhäufchen aussehen.

Tiroler Steinschaf

Reiselust:    

Reise für ○ ein Tier ○ wenige Tiere ☒ viele Tiere

Griaßt enk, ich bin Moritz, ein Tiroler Steinschaf.

Ich wandere jedes Jahr mit meiner Herde von meinem Winterstall auf der Südseite der hohen Berge auf unsere **Sommerweide** an der Nordseite der Berge. Dabei überqueren wir Gletscher und die Staatsgrenze zwischen **Italien** und **Österreich**. So haben es meine Vorfahren schon vor Tausenden Jahren gemacht.

Einmal war ich schon dabei; da war ich erst ein paar Wochen alt. In aller Frühe, noch vor drei Uhr morgens, wurden wir von Menschen in blauen Schürzen und von Hunden zusammengetrieben. Und dann sind Mama und ich mit Tausenden anderen Schafen losgewandert. Ich war ein wenig besorgt, aber Mama meinte, dass wir bloß einen Tag brauchen und dass meine Hufe mich schon tragen würden. Es wurde das erste große Abenteuer meines Lebens und es gab unglaublich viel zu sehen: einen Tunnel für Autos, Felsen und Geröll, Schnee und Eis.

Auf der Sommerweide lernte ich meinen besten Freund kennen: Er heißt Hansl und kommt aus Österreich. Wenn wir die Sommerweide wieder verlassen, muss er mit seiner Herde nicht so weit marschieren wie wir Südtiroler Schafe. Er bleibt in Nordtirol und ich muss mich von ihm trennen. Dadurch verpasst er das große Schaffest im **Schnalstal**.

Auf dem Rückweg war der Schnee, den ich auf dem Hinweg gesehen hatte, an vielen Stellen geschmolzen. Dafür gab es jetzt noch mehr Geröllfelder. An einer besonders steilen Stelle ist ein Schaf aus unserer Herde, die Lisa, beinahe abgestürzt. Ein Schäfer hat ihr wieder zurück auf den Steig geholfen.

Damals fiel mir noch eine riesige Steinpyramide auf: das **Ötzi-Denkmal**. Ich glaube, es erinnert daran, dass an dieser Stelle sehr alte Felle von Tieren gefunden wurden. Das ist doch wirklich ein Denkmal wert! Aber vielleicht schaffe ich als erstes Schaf den Alleingang über die Alpen. Dann benennen die Menschen das Denkmal bestimmt um. Moritz ist doch eigentlich ein schönerer Name für ein Denkmal als Ötzi, oder?

Bis dahin dauert es noch ein bisschen. Vorerst muss ich mir die Strecke genau einprägen. Also, zurück in die Herde, wir brechen gleich auf, und ich freue mich auf das Wiedersehen mit Hansl!

Tiroler Steinschaf

Italien / Südtirol
Hauptstadt: Rom
Sprachen: Italienisch, Deutsch
Klima:
Natur:

Schnalstal

Komfort: ★★★★★

Im Schnalstal in Südtirol haben viele Schafe ihr Zuhause. Hier gibt es den ganzen Winter über einen warmen Stall und Bauern mit ihren Kindern, die auf die Schafe aufpassen.

P

Schaffest

Im Herbst kehren die Schafe zurück in das Schnalstal. Dann wird gefeiert, weil sich alle freuen, dass sie ihre große Reise wohlbehalten überstanden haben.

Sommerweide

Komfort: 

Die Sommerweide liegt in Nordtirol, das ist in Österreich. Sie bietet eine prächtige Aussicht auf die Alpen. Weit oben ist die Luft etwas dünner, aber das Gras besonders würzig.

Alpenblumen

Im köstlichen Gras der Sommerweide stecken sehr viele leckere Kräuter und Blumen: Schafgarbe, Enzian, Edelweiß, Alpensoldanelle ... Und es duftet wunderbar.

ALPENBLUMEN

Reisewarnung

Auf ihrem Weg über die hohen Berge müssen die Schafe auch gefährliche Steilhänge im Gänsemarsch queren. Dann ist auf den sehr schmalen Pfaden äußerste Konzentration gefragt, um nicht abzustürzen. Eine Herausforderung für die wandernde Herde.

Ötzi-Denkmal

An dieser Stelle wurden tatsächlich Felle gefunden. Aber die Menschen haben das Denkmal errichtet, weil auch der uralte Alpenbewohner dort lag, der mit diesen Fellen bekleidet war. Und dazu noch seine Pfeile, sein Bogen und ein kleiner Dolch. Er heißt Ötzi und ist hier schon vor 5.300 Jahren über die Berge gewandert, genau wie es die Schafe heute noch tun.

Österreich / Nordtirol

Hauptstadt: **Wien**

Sprachen: **Deutsch**

Klima: 

Natur: 

Flachlandtapir

Reiselust:

Reise für ☒ ein Tier ○ wenige Tiere ○ viele Tiere

Olà! Ich heiße Matilde und ich bin ein Flachlandtapir.

MEINE REISE

Ich wohne auf der Insel Maracà im Nordosten Brasiliens und bin dort eine sehr gute Gärtnerin: Ich zupfe Pflanzen aus und säe Samen. Mit meinem Vierhuf-Antrieb komme ich auch in dem unwegsamen Gelände des Urwalds problemlos in jede erdenkliche Ecke.

Dazu habe ich erst mal zwei Beine mehr als die Menschen, nämlich vier. Und insgesamt 14 **Zehen**! An den beiden Vorderhufen vier und an meinen Hinterhufen je drei. Wenn ich durch den Urwald laufe, spreize ich die Zehen, damit ich nicht zu tief in den Boden einsinke. Denn wer braucht schon eine Gärtnerin, die im Schlamm feststeckt? Mein bevorzugter Weg führt mich immer wieder an meine **Lieblingswasserstelle**. Wenn ich Angst habe, tauche ich dort manchmal sogar unter und benutze meinen kurzen Rüssel als Schnorchel zum Atmen.

Als Regenwaldgärtnerin und verfressenes Tapirweibchen bin ich viel unterwegs und versuche, leckeres Futter zu finden: in der Regel **Früchte**. Die Kerne in diesen Früchten spucke ich nicht einfach in die Gegend. Ich fresse vielmehr die ganze Frucht samt den Kernen. Und was passiert dann? Irgendwann müssen die Kerne wieder raus. Und da wir natürlich keine Toiletten haben, mache ich direkt in den Wald. Das ist meine wichtigste gärtnerische Tätigkeit: Kerne und Pflanzensamen auf Wanderungen an einer ganz anderen Stelle als da, wo ich die Früchte gefressen habe, aussäen. Manchmal sogar sehr weit entfernt von der Pflanze mit den Früchten. Ich hab schon mal geschafft, zwanzig Kilometer weit zu laufen, und dann erst mein Geschäft zu verrichten. Nun wächst dort ein neuer Obstbaum aus dem von mir hinterlassenen Samen.

Ich liebe Früchte und Bäume so sehr, dass ich sie außerdem gegen **Samenkäfer** verteidige. Wenn ich schneller bin als der Käfer, fresse ich ihm die Palmenfrüchte vor der Nase weg, bevor er die Samen zerstören kann. In meinem Bauch sind die Früchte sicher und ich verteile ihre Samen dann ganz woanders. So schnell kann der Käfer gar nicht hinterherkommen. Ich bin flink und mache den Wald schön bunt und vielfältig. Dann fühlen sich dort alle wohl. Sogar die Käfer ...

Flachlandtapir

Tapirzehen

Tapire sind die Geländewagen des Regenwalds: Um im matschigen Boden nicht zu versinken, haben sie eine Spezialausstattung: Mit ihrem Vierhufantrieb sowie vier Zehen vorn und drei hinten kommen sie überall hin.

Reisewarnung

Im Regenwald wohnen viele unterschiedliche Tiere. Auch große Raubkatzen mögen den bunten Wald. Dieser Jaguar jagt auch Tapire, aber er muss aufpassen, Tapire verteidigen sich mit ihren Eckzähnen.

Palmenfrüchte

Die Früchte der Attalea-Palmen sind bei vielen Tieren im Regenwald sehr begehrt. Sie schmecken dem Tapir und den Samenkäferlarven sowohl zum Frühstück als auch zum Abendbrot.

Wasserstelle

Komfort: ★★★★★

Der schönste Ort für Tapire ist das Wasserloch mit seiner angenehmen Badewannentemperatur. Wenn sie beim Gärtnern und Wandern eine Pause machen, schwimmen und schnorcheln sie hier zur Entspannung eine Runde. Nichts tun schwimmverrückte Tapire lieber – vorausgesetzt, dass sie nicht der Hunger durch den Regenwald treibt.

Samenkäfer

Samenkäfer sind klein und stark. Sie legen ihre Eier auf Palmenfrüchte; ihre Larven sind genauso verfressen wie die Tapire. Aber es gibt einen Unterschied: Die Larve bohrt sich in den Samen, während der Tapir gleich die ganze Frucht samt Samen verschluckt. Aus angebohrten Palmensamen entstehen keine neuen Palmen mehr. Glücklicherweise sind die gefräßigen Tapire unterwegs und fressen den Käfern viele Früchte weg.

Saiga-Antilope

Reiselust:

Reise für ○ ein Tier ○ wenige Tiere ☒ viele Tiere

Сәлем! Mein Name ist Atlana und ich bin eine Saiga-Antilope.

MEINE REISE

Wir Saiga-Antilopen durchstreifen die kasachische **Steppe**. Als stolzes Nomadenmädchen bin ich an der Seite meiner Zwillingsschwester Matilda mit der ganzen Herde unterwegs. Wir Saigas haben sogar die **Mammuts** überlebt, trotzdem erzählen wir noch folgenden Witz: „Was tun, wenn das Mammut pupst? Rüssel weg vom Po!" Das ist gar nicht so einfach, denn wir halten den Rüssel beim Wandern immer in Richtung Boden und in die Nähe des Pos unseres Vordermanns. Eigentlich sehen wir beim Wandern ein bisschen aus, als machten wir eine **Polonaise**. Ihr könnt euch denken, wie schwierig es in dieser Stellung ist, im Ernstfall den Rüssel vom Po des Vordermannes zu entfernen, ohne die Orientierung zu verlieren.

Bei unserer Polonaise machen wir die Begleitmusik selbst: Sie entsteht beim Trappeln Tausender Hufe. Menschen erkennen anhand unserer Trampelpfade, wo wir hingelaufen sind. Natürlich lassen wir uns als kluge Herdentiere nicht so einfach auf frischem Wanderweg ertappen und laufen beharrlich immer weiter. Menschen tun sich deshalb schwer, uns genau unter die Lupe zu nehmen. Dabei wollen sie soooo viel über uns wissen, aber wir bleiben geheimnisvoll!

Einmal im Jahr ist es einfacher, uns zu beobachten, nämlich dann, wenn die Saigaweibchen alle fast gleichzeitig ihre Jungen zur Welt bringen. Das ist eine aufregende Zeit, denn obwohl es von uns nur noch wenige Exemplare gibt, war ich überrascht, wie viele **Kälber** neben mir lagen.

Noch ein Tipp: Gegen den Pups des Vordermanns hilft, den Rüssel zu verschließen. Dann riecht man nix mehr. Saigas können das! Ich auch, sonst verstopft mir der Staub der Steppe den Rüssel. Und der ist meine Klimaanlage. Die Luft, die durch den Rüssel strömt, ist immer perfekt temperiert, egal wie warm oder kalt es ist.

Genug geplaudert, wie jedes Jahr ziehen wir jetzt mit allen anderen weiter in unser Winterquartier in den südlichen Teil der kasachischen Hungersteppe. Das ist noch 700 Kilometer entfernt, und ich habe von Herden gehört, die jedes Jahr bis zu 1.200 Kilometer in ihr Winterquartier wandern. In diesem Sinne: trappel, trappel! Und passt auf, dass ihr bei euren Wanderungen keinen Pups abbekommt ...

Saiga-Antilope

Kasachstan
Hauptstadt: Astana
Sprachen: Kasachisch, Russisch
Klima:  
Natur: 

Steppe
Die Steppe ist eine Landschaft, in der kurze Gräser und Kräuter wachsen. Es gibt dort keine Bäume, sodass man sehr weit sehen kann.

Fußabdruck
Nicht überall in der Steppe wächst Gras. Dort sind die Spuren der Tiere gut zu erkennen.

Nomaden
Nomaden sind Menschen, die ständig in der Natur umherziehen und deshalb keine festen Häuser bauen.

Steppe
Komfort: ★★★★☆

Dort, wo das Gras nicht hoch ist, sind Menschen und Tiere kilometerweit zu erkennen. Für Versteckspiele ist die Steppe deshalb ungeeignet.

Echter Wermut

Wermut sieht nicht nur schön aus, er riecht auch noch bezaubernd. Dort, wo er wächst, duftet die gesamte Steppe nach ihm. Das macht Appetit und gute Laune.

Geburtsort

Die Kälber der Saiga-Antilope sehen nicht nur niedlich aus, sondern haben auch fast alle am gleichen Tag Geburtstag. Den feiern sie gemeinsam liegend im Gras versteckt, um nicht aufzufallen. Die Mütter stören nicht, sondern lassen die Kälber ein paar Tage in Ruhe. Kaum geboren, schon allein unter Gleichaltrigen. Aufregend!

Polonaise

Wenn viele Menschen wie aufgefädelt hintereinander gehend tanzen, nennt man das Polonaise. Bei Menschen spielt jemand Musik dazu. Die Saiga-Antilopen trampeln sich ihre eigene Musik.

Reisewarnung

Adler haben den Überblick, da schützt auch das höchste Gras nicht. Solange Saiga-Kälber klein sind, ist das sehr gefährlich. Weil aber alle fast gleichzeitig geboren werden, können sie gemeinsam die Adler ein bisschen verwirren, sodass die meisten überleben.

Mammut

Mammuts sind Verwandte der Elefanten. Einige von ihnen hatten richtig haariges Fell, sodass sie ganz zottelig ausgesehen haben müssen! Leider gibt es sie seit ein paar Tausend Jahren nicht mehr. Sie sind mit den Saiga-Antilopen durch die Steppe marschiert.

Afrikanischer Elefant

Reiselust:

Reise für ○ ein Tier ☒ wenige Tiere ○ viele Tiere

Größenvergleich:

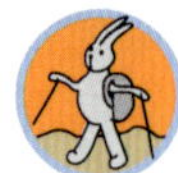

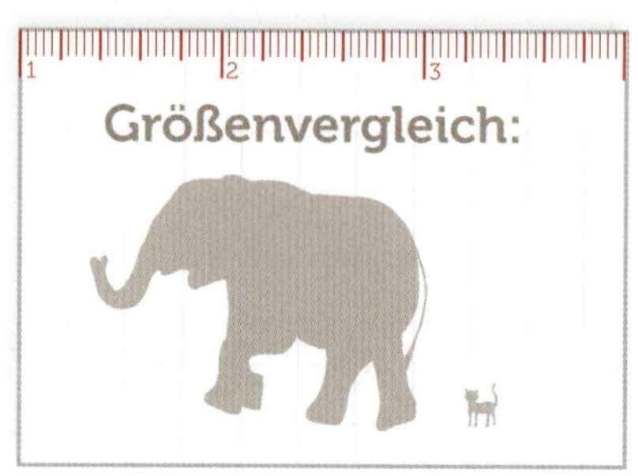

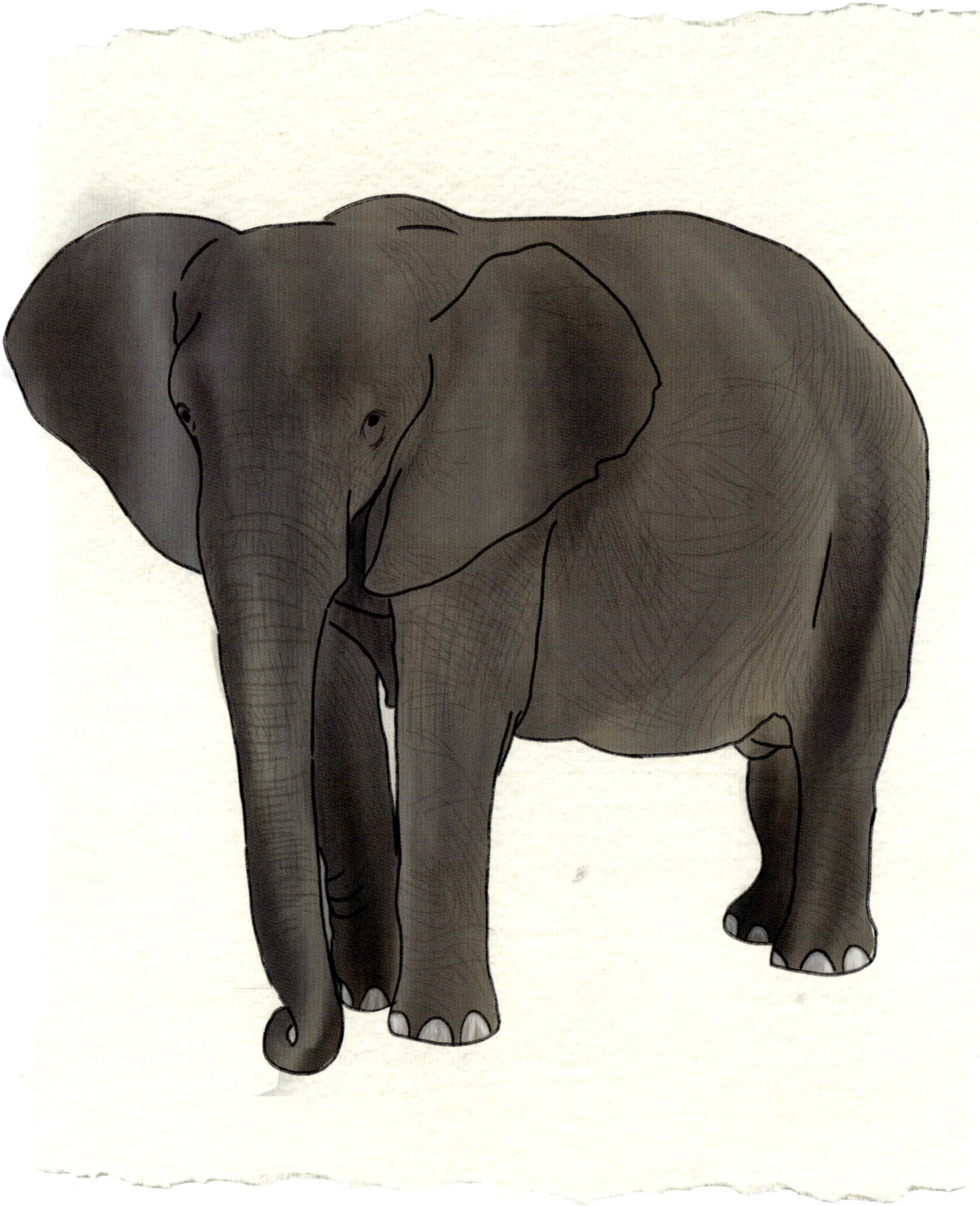

Habari ya Siku.
Ich bin Cheja, ein Afrikanischer Elefant.

MEINE REISE

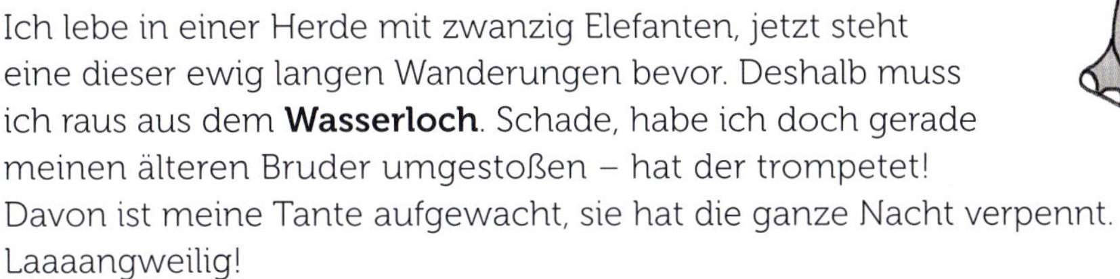

Ich lebe in einer Herde mit zwanzig Elefanten, jetzt steht eine dieser ewig langen Wanderungen bevor. Deshalb muss ich raus aus dem **Wasserloch**. Schade, habe ich doch gerade meinen älteren Bruder umgestoßen – hat der trompetet! Davon ist meine Tante aufgewacht, sie hat die ganze Nacht verpennt. Laaaangweilig!

Dann die nervige Frage: „Bist du schon eingesandet?" Natürlich, wer läuft schon unter der heißen Sonne Afrikas ohne **Sonnenschutz** herum? Nicht mal wir Elefanten. Eine Sanddusche hilft.

Zunächst passiert zehn Minuten gar nichts, außer dass ich aufpassen muss, dass die Gruppe nicht ohne mich aufbricht. Wetten, die Reiseleitung macht das als Konzentrationsübung? Damit ich mitdenke! Na ja, zugegeben, ohne die Anderen würde ich mein Abendbrot nie finden. Auf dem Weg durch die Savanne sieht es überall gleich aus. Es ist wieder mal gar nix zu sehen, nur plattes Land. Laaaaangweilig!

Gegen die Langeweile hilft Geschichtenerzählen. Weil gerade nichts passiert, nutze ich die Zeit, euch von unserer Reiseleiterin zu berichten: Sie ist die älteste Elefantenkuh in unserer Frauenrunde. Die erwachsenen Elefanten-Männer dürfen nicht mitlaufen. Deshalb ärgere ich meinen älteren Bruder so gern. Der wird bald zwölf und ihm bleibt nicht mehr viel Zeit für Kinderstreiche: Nächstes Jahr wird er unsere Herde verlassen. Ich dagegen bin erst vier Jahre alt, habe jede Menge Ideen für Streiche im Kopf und ich renne am allerschnellsten von allen. So kann ich die Gruppe überholen und manchmal gehe ich fast verloren. Gut, dass Mama aufpasst. Sie ist nämlich unsere Reiseleiterin und ich bin mächtig stolz auf sie.

Aber jetzt geht es wirklich los mit der ganzen Reisegruppe. Mama trompetet zum Aufbruch, weil wir alle großen Hunger haben. Endlich geht es in Richtung **Bergwald**, auch mir knurrt der Magen. Also raus aus der **Savanne** und rein in den Wald. Und hoffentlich dauert es nicht wieder so lange, wie bei der letzten Wanderung. Das waren insgesamt 700 Kilometer. Alles zu Fuß! Laaaaaangweilig ...

Afrikanischer Elefant

Kenia
Hauptstadt: Nairobi
Sprachen: Swahili, Englisch
Klima: 
Natur: 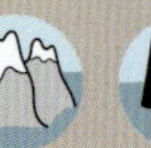

Savanne

Komfort: ★★★★★

Während der Regenzeit lebt es sich gut in der Savanne, denn es gibt genug zu fressen. Aber die Bauern mit ihrem Vieh kommen den Elefanten mitunter in die Quere, und die Wilderer sehen sie von Weitem. Deshalb gibt es nur drei Punkte.

Sonnenschutz

Elefanten haben eine zarte Haut und in Kenia scheint gnadenlos die Sonne. Das Mittel gegen Sonnenbrand heißt bei Elefanten nicht etwa Sonnencreme, sondern Sanddusche. Der beste Sonnenschutz in der Savanne!

Croton

Elefanten sind Fans der Croton-Frucht: Sie fressen jede, die sie mit ihrem Rüssel greifen können – egal ob vom Baum oder vom Boden. Dabei wissen sie gar nicht, dass diese Früchte zu einer Pflanzenfamilie mit einem witzigen Namen gehören: den Wolfsmilchgewächsen.

Bergwald

Komfort: ★★★★★

Im Bergwald gibt es Schatten und Futter. Sogar in der Trockenzeit! Und immer ein gutes Versteck vor Bauern, die mit ihren Viehherden umherziehen und Elefanten beim Wandern stören. Und die Wilderer haben es auch nicht so leicht, die Elefanten zu entdecken. Klar, dass es dafür fünf Sterne gibt.

Reisewarnung

Elefanten kann nur wenig gefährlich werden. Sie sind groß und stark. Aber wenn ein Wilderer, also jemand der unerlaubt jagt, in der Nähe ist, müssen sie sehr auf der Hut sein.

Wasserloch

Am Wasserloch ist immer was los: Hier treffen sich alle durstigen Tiere. Es wird getrunken, gebadet und mit Schlamm gespritzt. Das machen nicht nur die jungen Elefanten und haben einen Heidenspaß dabei!

Waschbär

Reiselust: 🐾🐾🐾 (3 von 5)

Reise für ○ ein Tier ☒ wenige Tiere ○ viele Tiere

Hallo, ich bin Neptun, ein **Waschbärrüde**.

MEINE REISE

Ich bin in einer Bande unterwegs, zu der Andi, Charly und ich gehören. Wir sind die „Spielplatz-Bande" und machen Kassel unsicher. Das ist eine Stadt in Deutschland, und die „Spielplatz-Bande" ist der Grund, warum Kassel die Waschbärhauptstadt Europas ist. Neben uns gibt es noch viele andere Banden, aber auch Waschbär-Einzelgänger, die Stadt hat sich den Titel also redlich verdient.

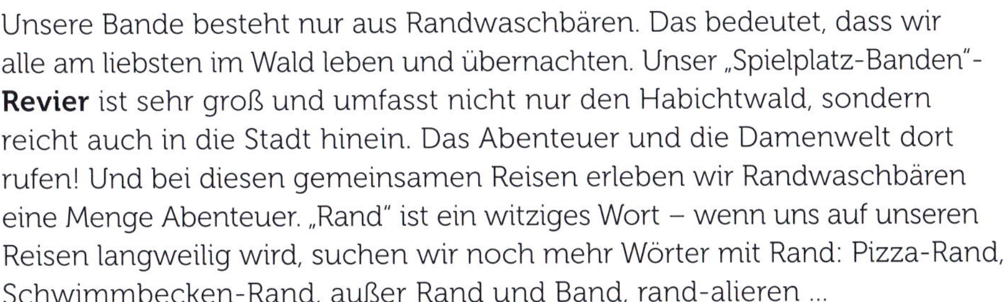

Unsere Bande besteht nur aus Randwaschbären. Das bedeutet, dass wir alle am liebsten im Wald leben und übernachten. Unser „Spielplatz-Banden"-**Revier** ist sehr groß und umfasst nicht nur den Habichtwald, sondern reicht auch in die Stadt hinein. Das Abenteuer und die Damenwelt dort rufen! Und bei diesen gemeinsamen Reisen erleben wir Randwaschbären eine Menge Abenteuer. „Rand" ist ein witziges Wort – wenn uns auf unseren Reisen langweilig wird, suchen wir noch mehr Wörter mit Rand: Pizza-Rand, Schwimmbecken-Rand, außer Rand und Band, rand-alieren ...

Heute besuchen wir unsere Freundin Edda in der Stadt. Edda reist nicht so gern, deshalb müssen ich und meine Freunde zu ihr wandern. Selbstverständlich führe ich die Bande an, schließlich kenne ich mich am besten aus. Ich habe Charly und Andi schon früh am Abend zu meiner Schlafhöhle in der alten **Eiche** bestellt, damit wir gemeinsam losziehen können, wenn es dämmert.

Unterwegs zu Edda passiert uns jedesmal etwas Spannendes. Diesmal haben wir unserem Namen „Spielplatz-Bande" alle Ehre gemacht und einen neuen **Kinderspielplatz** erobert. Ich kann dort meine Kletterkünste verbessern, um Edda zu beeindrucken. Sie klettert ausgezeichnet und wohnt deshalb auf einem Dachboden. Edda hat es nämlich geschafft, die Regenrinne zu erklimmen und einige Dachziegel abzudecken. Und in der Mülltonne des Hauses findet sie immer wieder Leckereien: Pizza-Rand zum Beispiel.

Während ich am Spielplatz Klettern übte, sind Charly und Andi in einem Rohr der **Kanalisation** verschwunden. Sie werden dort hoffentlich nicht eingeschlafen sein. Das Abenteuer im Revier der „Spielplatz-Bande" geht doch erst jetzt richtig los!

Waschbär

Deutschland
Hauptstadt: Berlin
Sprache: Deutsch
Klima: 
Natur: 

Kinderspielplatz

Klettern will gelernt sein, vor allem für die Dachrinnen und Häuser. Gut, dass es in der Stadt Übungsmöglichkeiten gibt, wie diesen Spielplatz.

Kanalisation

Komfort: ★★★★★

Was es nicht alles gibt! Manchmal dringt ein Waschbär von einem Fluß aus in die Kanalisation ein und hockt unter einem Kanaldeckel. Dort ist es trocken, warm und sicher.

Rekord!

Das ist Waschbär Nummer 5.002. Waschbärforscherin Berit hat ihn am Anfang seiner Reise kennengelernt. Am Ende wird er alleine 800 Kilometer zwischen dem Osten und dem Westen Deutschlands zurückgelegt haben. Neuer Rekord in der Waschbärenwelt!

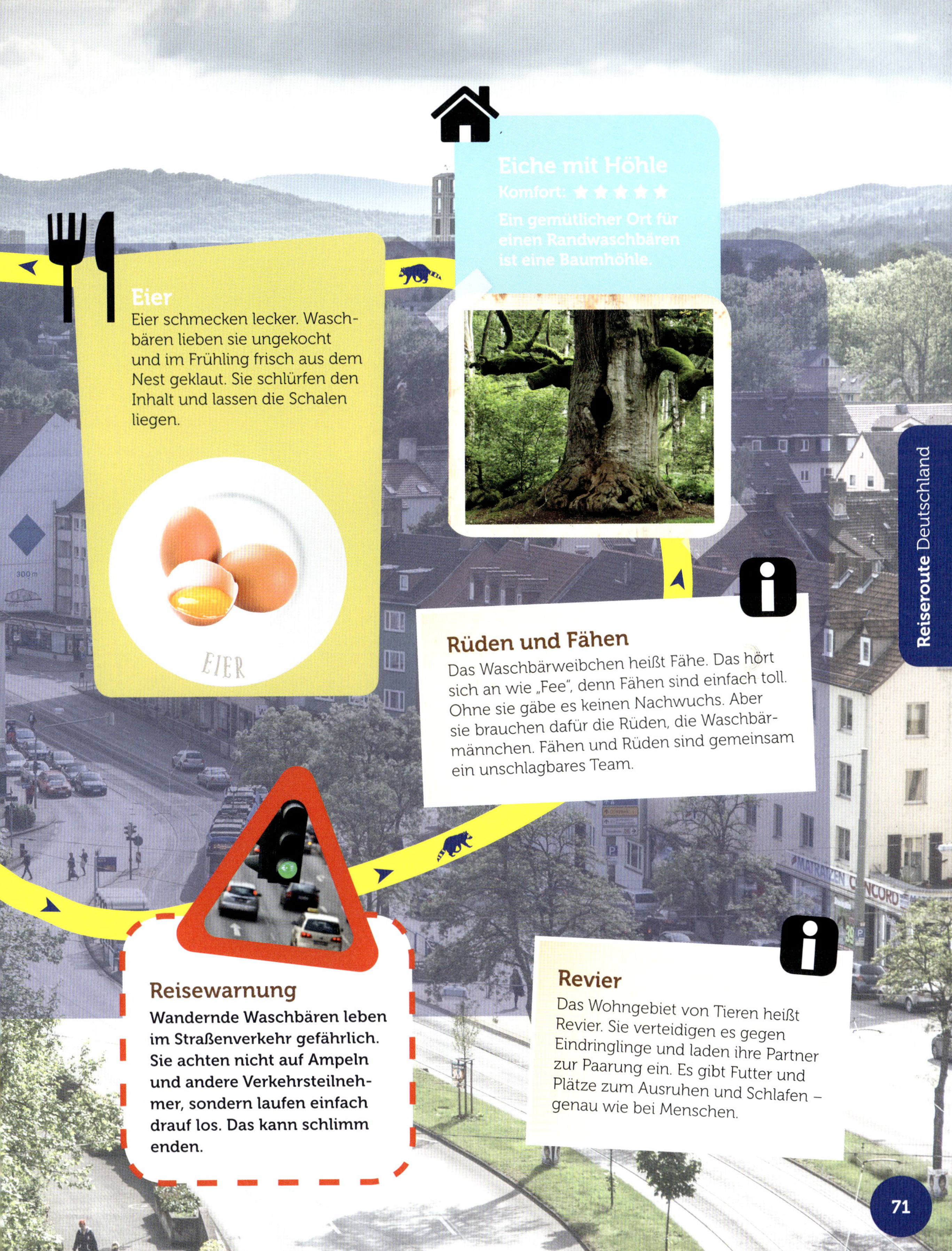

Eiche mit Höhle

Komfort: ★★★★★

Ein gemütlicher Ort für einen Randwaschbären ist eine Baumhöhle.

Eier

Eier schmecken lecker. Waschbären lieben sie ungekocht und im Frühling frisch aus dem Nest geklaut. Sie schlürfen den Inhalt und lassen die Schalen liegen.

Rüden und Fähen

Das Waschbärweibchen heißt Fähe. Das hört sich an wie „Fee", denn Fähen sind einfach toll. Ohne sie gäbe es keinen Nachwuchs. Aber sie brauchen dafür die Rüden, die Waschbärmännchen. Fähen und Rüden sind gemeinsam ein unschlagbares Team.

Reisewarnung

Wandernde Waschbären leben im Straßenverkehr gefährlich. Sie achten nicht auf Ampeln und andere Verkehrsteilnehmer, sondern laufen einfach drauf los. Das kann schlimm enden.

Revier

Das Wohngebiet von Tieren heißt Revier. Sie verteidigen es gegen Eindringlinge und laden ihre Partner zur Paarung ein. Es gibt Futter und Plätze zum Ausruhen und Schlafen – genau wie bei Menschen.

Pandabär

Reiselust:    

Reise für ☒ ein Tier ○ wenige Tiere ○ viele Tiere

Ni hao! Ich heiße Yang-Yang und ich bin ein Pandabär aus China.

MEINE REISE

Ich bin ein Sammler und durchstreife den **Bambuswald** in China. Heute suche ich „Die Schöne", so heißt eine Bambussorte, die ich besonders gerne mag. Eigentlich ist sie nicht zu übersehen. Größer als jeder Mensch, schlank, tolle Blätter und ein herrlicher Geschmack! Einfach unverwechselbar. Während ich nach meiner Lieblingssorte Ausschau halte, geht mir durch den Kopf, dass ich mich nicht nur auf diese eine Favoritin festlegen sollte. Vielleicht finde ich noch eine völlig andere **Schönheit** des Bambuswaldes. Die etwa so groß ist wie ich und ebenfalls schwarz-weiß.

Oh, Moment, da hinten, das könnte mein Lieblingsbambus sein. Und tatsächlich – einfach lecker ist er. Ich pausiere kurz, mit leerem Magen reist es sich schließlich schlecht.

Das hat mir gut getan. Aber ich bin verfressen und habe nichts übrig gelassen. Daher geht die Suche weiter. Am liebsten aber würde ich jetzt eine schwarz-weiße Panda-Schönheit treffen. Dazu sind meine besonderen Fähigkeiten eines Schnüfflers gefragt. Ganz zart spüre ich schon ihren tollen Duft in der Luft. Also immer der Nase nach und los! Plötzlich stehe ich am Rand des Bambuswaldes. Aus dem Wald kriegt mich keiner raus. Aber da, wieder dieser Geruch! Sie muss hier irgendwo sein. Als geschickter Sammler und guter Schnüffler bin ich bisher immer an mein Ziel gekommen. Das wird diesmal nicht anders sein. Und der Geruch der Schönen nimmt zu und mir wird gleich wärmer. Ob es an ihr liegt, oder daran, dass ich weiter hinab ins Tal wandere?

Jetzt darf ich mich nicht mehr ablenken lassen! Nur den chinesischen Bergbambus hier, den möchte ich noch im Vorübergehen fressen. Lecker! So mache ich meinem Ruf als dicker, verfressener Bär alle Ehre. Normalerweise verbringe ich den halben Tag mit Fressen.

Aber halt, dort hinten an der **Wasserstelle** ist sie ja schon, die ersehnte, allerschönste Pandadame mit dem betörendsten Geruch des ganzen Bambuswaldes. Nun konzentriere ich mich ganz auf sie. Vielleicht gibt es dann bald neue kleine putzige Pandas. Die sind noch weit schöner, als wir dicken alten Bären.

Pandabär

China

Hauptstadt: Peking
Sprache: Chinesisch
Klima: 
Natur: 

Bambuswald

Komfort: ★★★★★

Im Bambuswald findet sich alles, was ein Pandabär braucht: viele Sorten Bambus!

Pandababys

Frisch geborene Pandas sehen aus wie kleine rosa Hamster mit geschlossenen Augen. Und sie haben einen kleinen Schwanz! In freier Natur gibt es nicht mehr viele von ihnen. Einige Pandas werden in Zoos von Menschen betreut, weshalb sich eine Menschenhand auf das Bild geschlichen hat. So winzig sind Pandababys!

Bambus

Das hier ist der „Glücksbambus". Er ist gar kein echter Bambus und kein Panda würde ihn fressen. Echter Bambus aus dem Bambuswald macht den Bären viel mehr Freude und liefert vor allem genug Energie für ihre Reisen. Sie verdrücken davon riesige Mengen!

Wasserstelle

Wasser zieht magisch an und in so einem schönen Wasserloch muss gebadet werden. Pandabären lieben Wasser und planschen auf ihren Reisen gern darin.

Reisewarnung

Bambusblüte! Alle 80 bis 130 Jahre blühen sämtliche Pflanzen einer Bambusart. Das sieht zwar hübsch aus, ist aber für den Bambus so anstrengend, dass er danach häufig abstirbt. Was wiederum den Panda in Bedrängnis bringt, weil er weniger Futter findet, und das bedeutet: Huuuuunger!!!

Schönheiten

Hier sind zwei Schönheiten auf einem einzigen Bild vereint: eine Panda-Dame und ein leckerer Bambus. Was will man mehr als Pandabär?!

Treiberameise

Reiselust:

Reise für ○ ein Tier ○ wenige Tiere ☒ viele Tiere

Selamat Malam, ich heiße Bethari, komme aus Malaysia und bin eine Treiberameise.

MEINE REISE

Wir Ameisen sind wie Pfadfinder: Jede von uns ist täglich mit guten Taten für unser Volk beschäftigt. Nur so erreichen wir kleinen Tiere alles, was zum Überleben und Reisen wichtig ist. Und wie die Pfadfinder wohnen auch wir in **Biwaks**.

Meine Aufgabe ist es, neue Futterstellen ausfindig zu machen. Tagsüber bleibe ich allerdings in unserem Biwak und ruhe mich aus. Erst nachts laufe ich zur Höchstform auf.

In meiner Kolonie bin ich eine von insgesamt 50.000 Arbeiterinnen. Bei uns gibt es aber nicht nur Arbeiterinnen, sondern auch Soldatinnen. Sie begleiten uns bei unseren **Raubzügen** und beschützen unsere Larven und Eier, vor allem aber unsere Königin und die wenigen männlichen Ameisen, die mit uns leben.

Weil wir viele hungrige Mäuler stopfen müssen, sind wir als Volk ständig auf Achse, immer auf der Suche nach Futter. Wir jagen und verschlingen fast alles, was sich uns in den Weg stellt, **Regenwürmer** zum Beispiel. Wir jagen immer in großen Gruppen und verständigen uns untereinander über **Duftstoffe**. Damit können wir alles sagen: Was es wo zu fressen gibt und welche Reiseroute einzuschlagen ist. Dadurch weiß jede von uns, was sie zu tun hat.

Heute Nacht ist mir gelungen, einen Ort mit viel Futter auszuspähen. Danach bin ich zum Biwak gelaufen und habe mit meinen Duftstoffen allen Bescheid gesagt. Sport habe ich also auch gemacht, denn die sechzig Meter zwischen Futterfundstelle und Biwak habe ich in Rekordzeit zurückgelegt.

Besonders stolz bin ich jedoch auf meine Leistung als Detektivin: Immer wieder schleichen sich kleine **Silberfische** in unsere Kolonie ein. Sie sind wie blinde Passagiere: Sie futtern sich bei uns durch und leben wie im Schlaraffenland. Ich aber habe heute einen solchen Silberfisch entdeckt und sofort rausgeschmissen.

Ohne Silberfisch-Mitesser und dank der Beute vom letzten Raubzug müsste das Futter im Biwak für alle bis übermorgen reichen. Länger halten wir es sowieso nicht an einem Ort aus. Dann wandern wir alle zusammen weiter, um neues Futter für alle zu besorgen.

Treiberameise

Malaysia
Hauptstadt: Kuala Lumpur
Sprache: Malaysisch
Klima: 
Natur: 

REISEROUTE

Duftstoffe

Treiberameisen verständigen sich über Duftstoffe, die die Wissenschaftler auch Pheromone nennen. Je nach Aufgabe sondern sie einen Duft ab und erklären so den anderen Ameisen, was zu erledigen ist. Das funktioniert wunderbar.

Biwak

Komfort: ★★★★★

Treiberameisen sind ständig unterwegs, statt fester Wohnorte haben sie Biwaks. Ihre Biwaks bestehen aus Tausenden Ameisen samt ihren Puppen und Larven. Beinahe täglich ziehen sie weiter. Deshalb zeigt das Bild sie auf der Reise. Immer mit im Gepäck: die Puppen. Das sind Larven, die noch in eine Hülle gepackt sind.

Reisewarnung

Kröten und Treiberameisen mögen einander so sehr, dass der Schnellere den anderen auffrisst. Diese Kröte war schneller als die Ameisen und hat sich mit ihnen den Bauch vollgeschlagen. Nun ruht sie sich auf der Hand des Ameisenforschers Volker aus.

Regenwürmer

Treiberameisen stehen auf Regenwürmer, ähnlich wie Menschen auf Spaghetti – sehen ja auch ähnlich lecker aus ... für Treiberameisen.

Silberfische

Sie sind die faulsten Tiere, die man sich vorstellen kann. Sie nutzen die Treiberameisen als Lieferservice für Essen und als Umzugsunternehmen: Sie lassen sich durchfüttern und tragen. Um nicht gleich entdeckt zu werden, haben sie gelernt, die Duftstoffe der Ameisen zu imitieren. Das Bild zeigt einen Silberfisch, der eine Ameise als Umzugstransporter benutzt. Statt selbst zu laufen, klammert er sich einfach an eine Puppe. Unglaublich, aber wahr.

Raubzüge

Treiberameisen sind sehr gut organisiert, jagen in Gruppen und treiben ihre Beute vor sich her. Deshalb heißen sie so. Erst marschieren sie gemeinsam einen Weg, um dann auszuschwärmen und anzugreifen. So wie sich bei einer Garten-Harke die einzelnen Zinken von dem einen Stiel verzweigen.

In der Gruppe schrecken Treiberameisen vor fast gar nichts zurück. Dieser Skorpion hat sich zu sicher gefühlt und wurde aufgespürt. Jetzt wird er zerlegt und als Festmahl in das Biwak geschleppt.

Weißstorch

Reiselust: 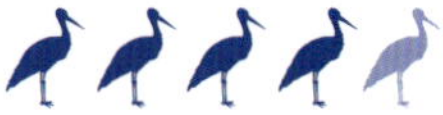

Reise für ○ ein Tier ☒ wenige Tiere ○ viele Tiere

Größenvergleich:

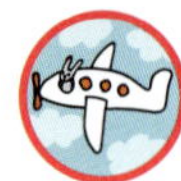

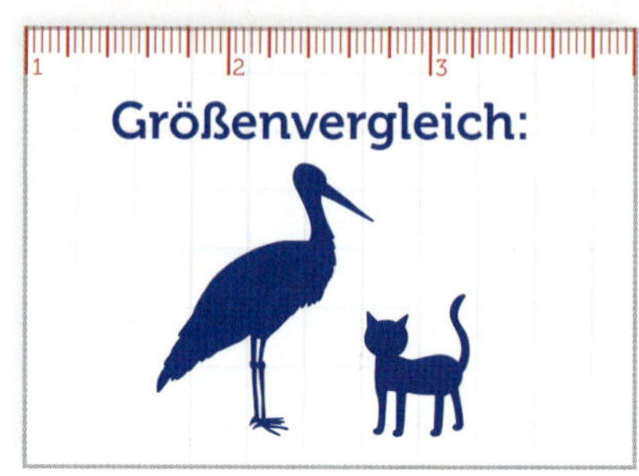

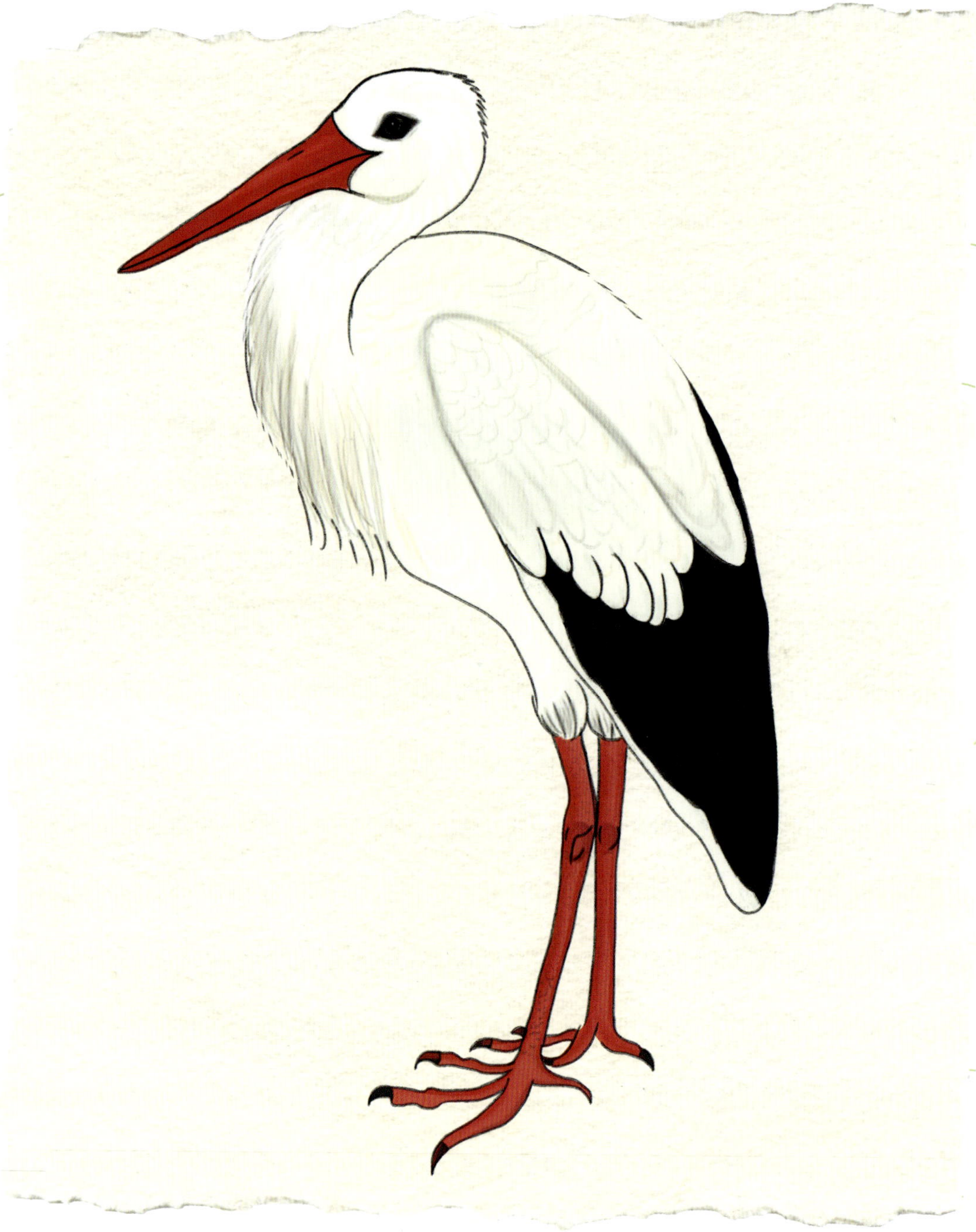

God dag, ich heiße Erik und bin ein Weißstorch aus Schweden.

MEINE REISE

Von klein auf übe ich das Fliegen: den Segelflug bei **Thermik**, die Flüge über Land, die Flüge über Wasser, mit starkem Einsatz der Flügel, mit nur schwachem Flügelschlag.

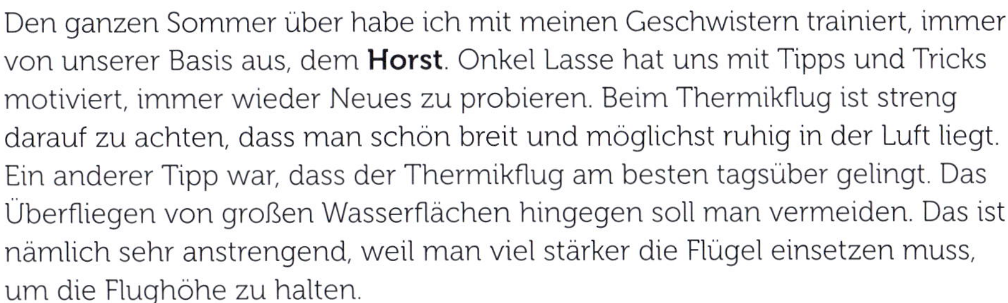

Den ganzen Sommer über habe ich mit meinen Geschwistern trainiert, immer von unserer Basis aus, dem **Horst**. Onkel Lasse hat uns mit Tipps und Tricks motiviert, immer wieder Neues zu probieren. Beim Thermikflug ist streng darauf zu achten, dass man schön breit und möglichst ruhig in der Luft liegt. Ein anderer Tipp war, dass der Thermikflug am besten tagsüber gelingt. Das Überfliegen von großen Wasserflächen hingegen soll man vermeiden. Das ist nämlich sehr anstrengend, weil man viel stärker die Flügel einsetzen muss, um die Flughöhe zu halten.

Irgendwann wurde uns verraten, dass wir diese Übungen machen, um im Herbst gemeinsam mit über 500.000 anderen Störchen Richtung Afrika zu ziehen. Dann wird es in **Schweden** nämlich kalt, und wir brechen auf, um die weite Welt kennenzulernen. Es gibt so viele interessante Länder zum Entdecken. Ich interessiere mich sehr für Israel, denn dort – hat Onkel Lasse erzählt – funktioniert die Thermik besonders gut: Schnell und lange mühelos zu gleiten, das hört sich traumhaft an! Allerdings muss man vorher ein Meer überfliegen. Onkel Lasse und noch ein paar andere wollen auf ihrem Flug ebenfalls ein Meer überqueren. Dabei sagte er doch, dass dies zu vermeiden ist!?

Ich habe für mich entschieden, dass ich einfache Dinge mag: gutes Essen, kurze Flugstrecken und vor allem Wärme. Die Route nach Südafrika ist mir zu lang. Lasse benötigt für die Strecke von Schweden bis Südafrika drei Wochen! Gemeinsam mit meinen Geschwistern habe ich deshalb etwas Neues ausprobiert – immer dem Schnabel nach über schöne Landschaften: Wo ich gelandet bin? Hier auf den Schildern steht **P-O-R-T-U-G-A-L**. Falls ihr eine Landkarte habt, schaut doch für mich nach, wo das ist. Ich sitze gerade in einem Ort namens **Belém**. Hier gibt es einen schönen Aussichtsturm. Nächstes Jahr nehmen wir unsere Eltern mit in dieses angenehme Winterquartier. Oder wir bleiben gleich hier. Mal sehen.

Weißstorch

Schweden

Hauptstadt: Stockholm
Sprache: Schwedisch
Klima: 
Natur: 

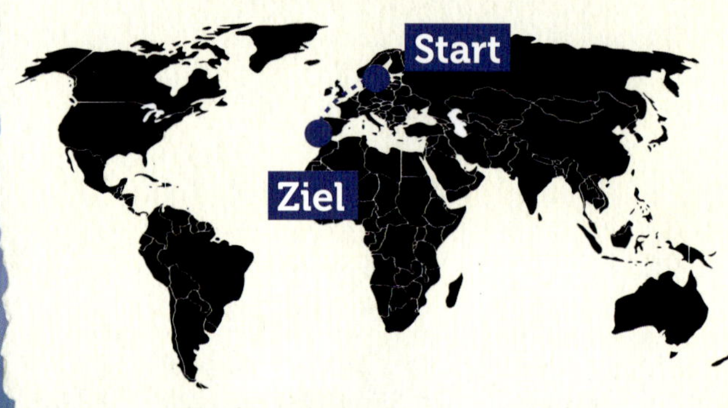

Thermik

Warme Luft steigt nach oben, kalte Luft sinkt zu Boden. Damit ist immer Bewegung in der Luft; das heißt dann Wind. Der Aufwind, der beim Aufsteigen der warmen Luft entsteht, heißt Thermik. Weißstörche nutzen den Aufwind gern, um Energie zu sparen. Sie steigen in den unsichtbaren Thermik-Fahrstuhl und ohne mit den Flügeln schlagen zu müssen, werden sie mit dem Aufwind in die Höhe getragen.

Watt

Eine besondere Pause ist in Norddeutschland möglich. Dort spazieren Störche durch das Watt. Sie stehen im Salzwasser und fischen vor der Nordseeinsel Föhr nach Krabben.

Horst

Komfort: ★★★★★

Ein Horst bietet einen tollen Überblick über die Umgebung. Leider wird es im Winter in Schweden zu kalt, um ihn dann noch zu bewohnen.

Reisewarnung

Tiefflieger aufgepasst: Hochspannungsleitungen verlaufen in einer ungünstigen Höhe des Luftraums. Weißstörche müssen deshalb genau darauf achten, eine Kollision zu vermeiden.

Krabben

Besondere Orte erfordern besonderes Geschick. Auf der Nordseeinsel Föhr fischen Störche geschickt nach Krabben: typisch norddeutsch – und sehr lecker zudem!

Autobahnschild

Komfort: ★★★★★

In Portugal ist es das ganze Jahr über warm. Flugfaule Störche bleiben einfach das ganze Jahr dort. Und genug Autobahnschilder, um in guter Gesellschaft zu wohnen, gibt es auch. Dank der Autos, die unter den Schildern durchbrausen, wird es auch nie langweilig.

Belém

Der Turm von Belém steht in Lissabon, dort wo der Fluss Tejo in das Meer mündet. Er erinnert daran, dass von Portugal aus einmal viele Seefahrer nach Asien, Afrika und Amerika aufgebrochen sind und das Land mit Waren aus aller Welt gehandelt hat.

Portugal

Hauptstadt: Lissabon

Sprache: Portugiesisch

Klima:  

Natur:    

Rotlachs

Reiselust:

Reise für ○ ein Tier ○ wenige Tiere ☒ viele Tiere

Hello, ich bin David, ein kanadischer Rotlachs.

MEINE REISE

Ich bin im **Shuswap-See** in **Kanada** geboren und habe dort etwa zwei Jahre mit anderen Lachsen das Schwimmen und Tauchen trainiert. Diese Übungen dienten der Vorbereitung einer mehrere Tausend Kilometer langen Reise, die ich zum Teil alleine, meist aber im Schwarm zurücklegte.

Die Reise führte uns vom See durch einen Fluss hinaus in den Pazifik und dann wieder retour in den See zum Laichen. Die beste Lachs-Mannschaft ist die, die möglichst vollzählig und gesund wieder am Geburtsort ankommt.

Vor unserem Aufbruch haben wir vorwiegend Tauchen trainiert, nachts hielten wir uns an der Wasseroberfläche auf; tagsüber wäre es dort zu gefährlich gewesen: Greifvögel hätten uns von oben entdeckt und so schon vor Beginn unseres Abenteuers Ausfälle in unserer Mannschaft verursacht. Entsprechend vorsichtig haben wir uns nacheinander in den langen Fluss gewagt: Bloß nicht auffallen auf dem Weg zum Meer. Immerhin lagen über 1.000 Kilometer vor uns, bis wir das Salzwasser erreichten. Inmitten des großen Ozeans sind wir Lachsen aus anderen Seen begegnet und wir haben uns mit ihnen um die Wette die Bäuche mit salzigem **Plankton** vollgeschlagen. Am besten hat es uns im Meer bei Alaska gefallen: köstliches Futter, angenehme Wassertemperaturen! Der Aufenthalt im Meer hat uns stark gemacht, was auf unserem Rückweg von Vorteil war.

Nach vier Jahren im Pazifik zwischen Alaska und British Columbia hat uns nämlich alle die Sehnsucht nach unseren Heimatgewässern gepackt und wir sind wieder aufgebrochen. Ich gehörte zu der ersten Gruppe Lachse, die im Frühsommer den anstrengenden Rückweg antrat: erst zur Mündung unseres Flusses, dann immer flussaufwärts. Wir können nämlich unser Heimatgewässer riechen und finden so den richtigen Weg. Die halsbrecherischen Stromschnellen am **Hells Gate** waren eine echte sportliche Herausforderung. Im Shuswap-See schildern jetzt alle, wie sie es geschafft haben, diese Hürde zu überwinden. Hier legen unsere Lachsweibchen ihre Eier ab, damit sich wieder junge Lachse zu Schwimmabenteuern draußen vor Kanada und Alaska aufmachen können.

Rotlachs

Start

Ziel

Kanada

Hauptstadt: Ottawa

Sprachen: Englisch, Französisch

Klima:

Natur:

GEFÄHRDETE TIERART

Shushwap-See

Komfort: ★★★★★

Ein See, über dem ab und zu ein Regenbogen steht, ist ein toller Ort zum Leben. Hier kommen viele Lachse auf die Welt.

Lachsspionage

Biologen tun alles, um mehr über die Reisen der Lachse zu erfahren. Sie haben herausgefunden, dass sich ihre Routen ändern. Aber warum? Sie wollen das wissen, weil sie damit auch etwas über die Veränderung des Klimas auf unserer Erde erfahren. Die Postkarte zeigt die Forscher David und Melinda mit erwachsenen Lachsen auf einem Forschungsboot. Die kleinen schwarzen Plastiksender verraten, wohin die Lachse schwimmen.

Hells Gate

Komfort: ★★★★★

Das ist eine extrem enge Stelle im Fraser River, durch die das Wasser mit großem Druck schießt. Nur die sportlichsten Lachse schaffen es, Hells Gate flussaufwärts Richtung Shuswap-See zu überwinden. Dafür haben sie lange trainiert.

Plankton

So werden unzählige, sehr kleine und unterschiedliche Lebewesen bezeichnet, die sich im Meer von der Strömung treiben lassen. Es sind Tierchen und Pflanzen, wobei die kleinen Tiere sich ihrerseits mit noch kleinerem Futter den Bauch vollschlagen. Der Lachs findet sie alle zusammen lecker.

Schwarm

Fische im Schwarm bilden einen einzigen großen Fisch. Sie beachten dabei die Regel: Folge dem Fisch vor dir und schwimme so schnell wie der Fisch neben dir.

Reisewarnung

Seelöwen sind ebenfalls vorzügliche Schwimmer und Taucher. Sobald die Lachse aus den Flüssen ins Meer wechseln, können ihnen diese schwergewichtigen Robben gefährlich werden.

Rotlachs

Dieser Lachs heißt auf Englisch „Sockeye". Das ist ein Wort, das aus der Sprache der kanadischen Indianervölker abgeleitet ist, die dort, wo der Lachs schwimmt, gewohnt haben. Das originale Wort sieht so aus: suk-kegh (sθəqəy̓) und heißt roter Fisch.

Magellan-Pinguin

Reiselust: 🐧🐧🐧🐧🐧

Reise für ○ ein Tier ☒ wenige Tiere ○ viele Tiere

Größenvergleich:

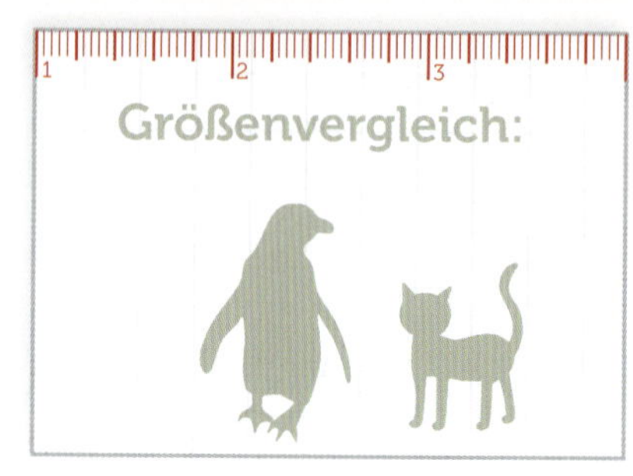

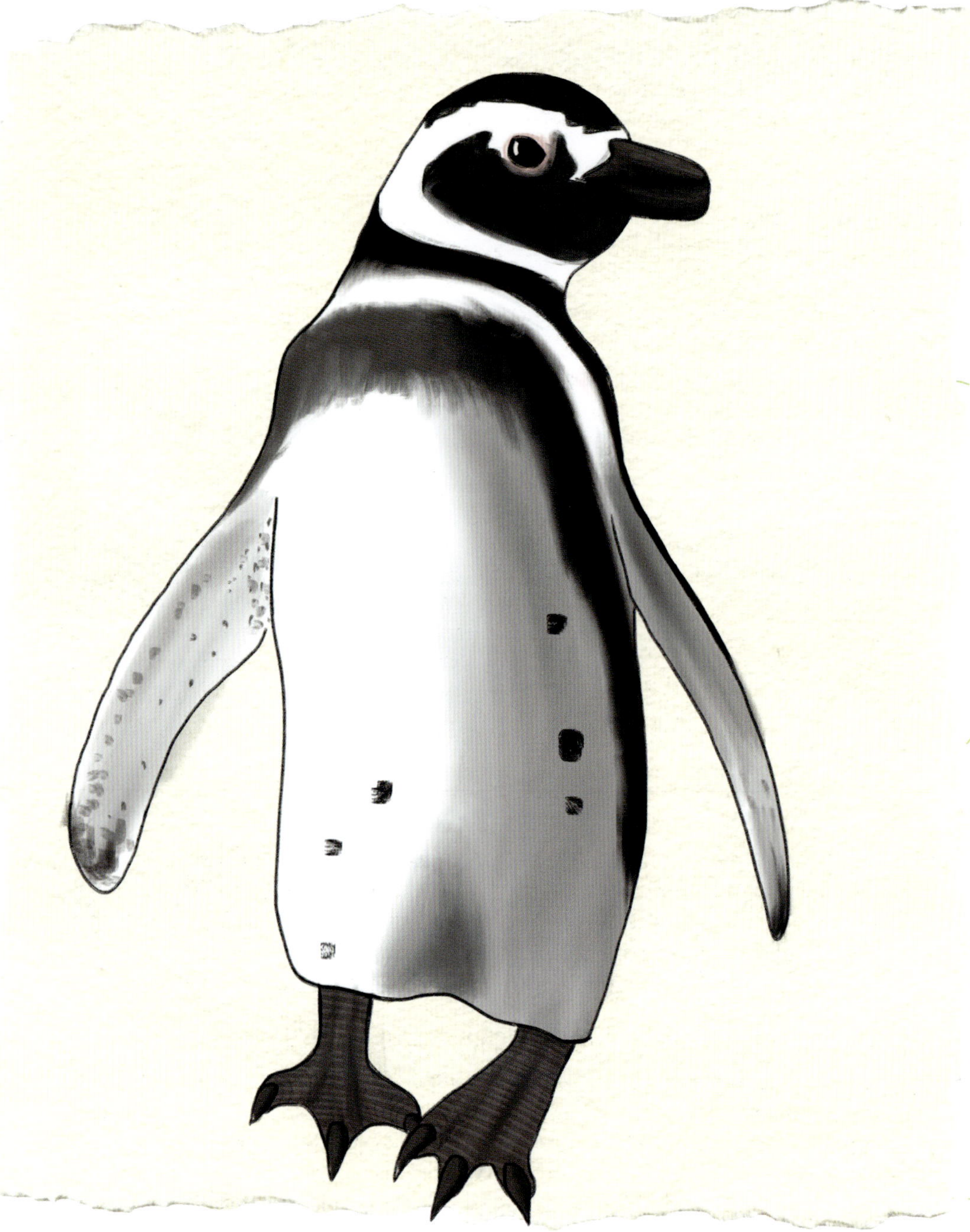

¡Hola! Ich bin Ernesto, ein Magellan-Pinguin aus Südamerika.

MEINE REISE

Jetzt muss ich mich wirklich beeilen. Noch ein Flossenschlag und dann: Wenden! Dabei dienen meine Füße als Ruder. Bei uns Pinguinen ist alles ein bisschen anders als bei Landvögeln: Anstelle von Flügeln besitze ich kräftige Flossen. Ich fliege also sozusagen durch das Wasser.

Ich muss mich beeilen, weil mein Ziel – das Nest von meiner Frau und mir in Feuerland – noch 1.500 Kilometer entfernt ist! Gerade hat mir der Temperaturanstieg des Wassers rund um die Halbinsel Valdés in **Argentinien** verraten, dass es Zeit ist für die Rückreise, zumal ich vor meiner Frau bei unserem gemeinsamen Nest sein muss.

Schon seit achtzehn Jahren trudelt sie immer etwa drei Wochen nach mir ein, es wird Ende September sein. Genug Zeit für mich, um vorher die Renovierungsarbeiten am Nest durchzuführen. Ich werde es schaffen!

Seit ich unsere Nesthöhle gebaut habe, sind wir ein unzertrennliches Paar. Ich glaube, mein Bau mit dem kleinen Strauch am Eingang hat sie beeindruckt ... Gleich nachdem sie eintrifft, wird sie Eier legen. Und dann geht es los mit dem abwechselnden Brüten und Futtersuchen. Das bedeutet für uns: keine Ruhe mehr bis Februar. Bis dahin werden wir vollauf mit dem Hudern beschäftigt sein. Das Wort „hudern" bedeutet, auf den Nachwuchs aufpassen und ihn wärmen und beschützen. Hier auf den **chilenischen** Inseln von Feuerland kann es bitter kalt werden und am Anfang ihres Lebens können sich unsere Küken noch nicht selbst wärmen.

Solange unser Nachwuchs noch nicht selbstständig ist, machen wir Kurzreisen. Dabei wechseln wir uns ab und schwimmen nur kurze Strecken, um Nahrung zu beschaffen. Im Frühling und Sommer gibt es rund um unsere **Kolonie** auf einer Insel in Feuerland genügend Futter. Und als geschickte Taucher durchpflügen wir das Meer bis zu 100 Meter tief nach Fischen.

Ich freue mich schon auf die Zeit, wenn der Nachwuchs größer ist und allein auf die erste große Reise geht. Dann werde ich kurz Zeit ganz für mich haben, bevor es im April wieder in die Gebiete weiter nördlich und mit mehr Fisch geht. Dort kann ich überwintern – denn in Argentinien ist Winter, wenn in Europa Sommer ist.

Magellan-Pinguin

Argentinien
Hauptstadt: Buenos Aires
Sprache: Spanisch
Klima: 

Natur:  

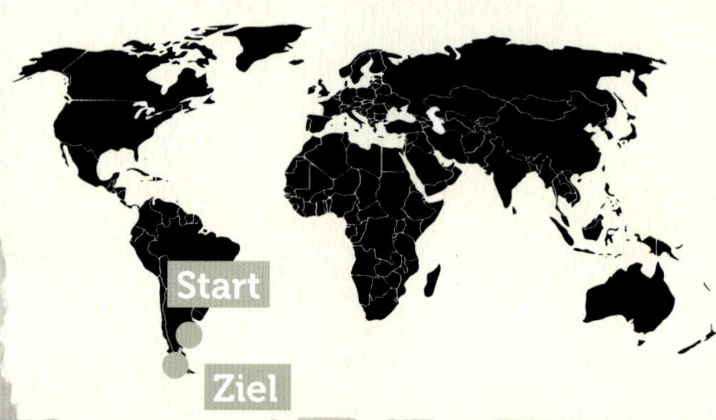

Wasser

Komfort: ★★★★★

Der Flügelantrieb und das Fußruder funktionieren nur im Wasser. Deshalb bekommt das Wasser allein dafür die volle Anzahl Sterne. Und außerdem gibt es noch köstliche Sardellen. Dafür würden wir sogar einen Extra-Stern vergeben.

Pinguin-Reisen

Wie und wohin Pinguine reisen, ist nicht so gut erforscht wie bei den Menschen: Kein Pinguin verrät freiwillig seine Reisepläne. Deshalb wird hier gerade einem Pinguin vorsichtig ein mobiler Sender umgebunden; er wird die geheimen Reisedaten an die Forscher übermitteln. Überlistet!

Touristen

Sie lieben Pinguine und schauen sie gern ganz aus der Nähe an. Pinguine sind gar nicht menschenscheu und starren dann – so wie hier – unerschrocken zurück. So werden neugierige Urlauber selber zu Sehenswürdigkeiten.

Sardellen

Menschen mögen sie als Anchovis auf Pizza und Pinguine frisch aus dem Wasser. Diese silbernen Fische schwimmen in Schwärmen. Menge und Auswahl stimmen also: eine echte Pinguin-Delikatesse!

Kolonie

Komfort: ★★★★★

Nicht alle Pinguine wohnen auf die edle Art und haben ihren eigenen Strauch vor der Nesthöhle. Ist sie gar noch frisch renoviert, lebt es sich dort vorzüglich. Freilich ein Wasseranschluss fehlt. Das macht vier Sterne.

Reisewarnung

Öl im Salat ist super, aber Öl im Meer ist ein Gräuel und gefährlich: Es verklebt das Gefieder der Pinguine. Eine Ölverschmutzung des Meeres wird natürlich nicht von Salatöl verursacht, sondern von Erdöl aus Tankern und Bohrinseln.

Chile / Feuerland

Hauptstadt Santiago de Chile

Sprache: Spanisch

Klima: 

Natur:  

Europäischer Aal

Reiselust: 

Reise für ○ ein Tier ☒ wenige Tiere ○ viele Tiere

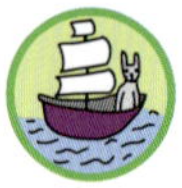

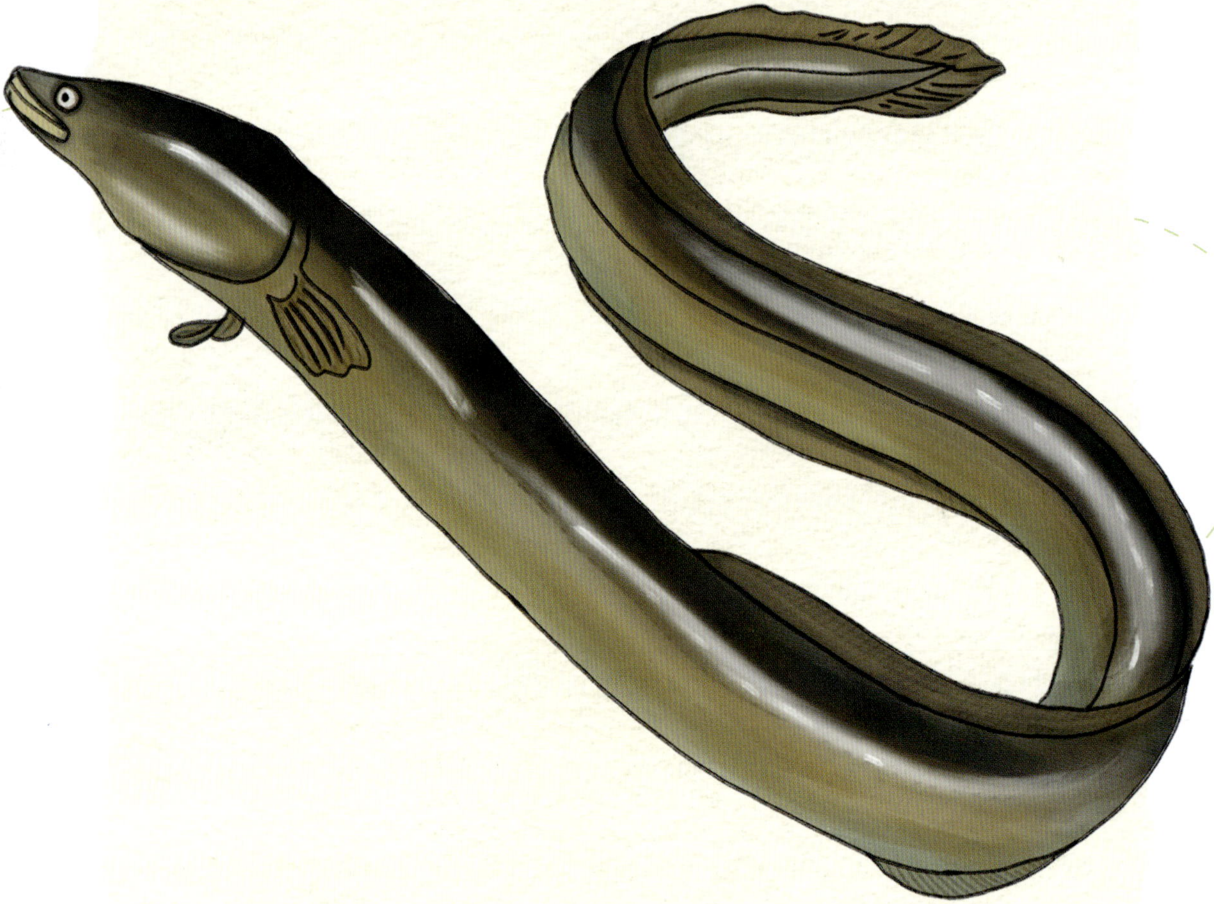

Hello, ich bin ein Europäischer Aal und heiße Margie.

MEINE REISE

Als Aal bin ich der Verwandlungskünstler unter den Fischen. Im Laufe meines Lebens verändert sich mein Körper so stark, dass ihr mich auf den Etappen meiner langen Reise gar nicht wiedererkennen würdet.

Geboren wurde ich in der **Sargassosee**. Das ist ein Teil des Atlantischen Ozeans östlich von Florida, fern aller Küsten und mit einem gigantischen Strudel in der Mitte, um den die Wasserströmungen kreisen. Dort sah ich zunächst aus wie ein winziges Blatt, fast durchsichtig. Deshalb werden Aal-Larven als Weidenblattlarven bezeichnet. Dank der Meeresströmungen und meiner Schwimmleistung erreichte ich irgendwann Europa. Vor der Küste nahm ich dann eine neue Gestalt an. Die kennt ihr sicher: Wir Aale sehen ein wenig aus wie Wasserschlangen. Diese Gestalt werde ich jetzt beibehalten, aber mich trotzdem weiter verwandeln.

Das hat mit dem Salz im unserem Lieblingselement zu tun: dem Wasser. Der Ozean enthält viel mehr Salz als die Flüsse und Seen. Für meine nächste Veränderung setzte ich deshalb meine Reise in Richtung Süßwasser fort und bin in das **IJsselmeer** der **Niederlande** geschwommen. Hier schmeckt das Wasser anders, viel weniger salzig. Das hat mir gut getan und meine nächste Verwandlung eingeleitet: nämlich zum Gelbaal. Ja, die Farbe meines Bauchs war ab sofort gelb. So habe ich zwanzig Jahre im Süßwasser verbracht.

Jetzt aber, hat mich der Mond darauf aufmerksam gemacht, dass es Zeit ist für die Rückkehr und damit für den letzten großen Abschnitt meiner Reise. Ich werde zurückkehren in die Sargassosee! Vorher kommt es zur wichtigsten Verwandlung im Inneren meines Körpers: Anstelle der **Verdauungsorgane** benötige ich nun in der Bauchhöhle Platz für meine Eier, den Rogen. Schließlich habe ich in den letzten Jahren genug gefressen und bin schön dick geworden. Nun noch die Brustflossen vergrößern und die Farbe am Bauch in silbrig verändern – so gehe ich auf meine letzte Reise, vorbei an den **Azoren**, in Richtung Sargassosee. Nach 6.000 Kilometern werde ich meinen Rogen als Laich in das Meer entlassen, dann wird mein Leben zu Ende gehen.

Niederlande

Hauptstadt: Amsterdam

Sprache: Niederländisch

Klima: 

Natur: 

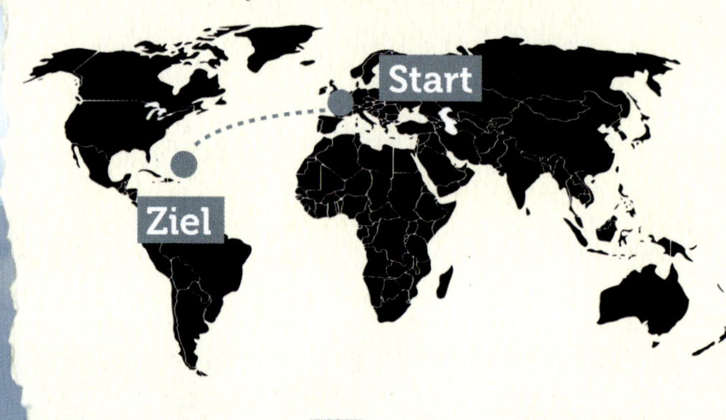

IJsselmeer

Komfort: ★★★★★

Im IJsselmeer gibt es jede Menge Süßwasser und Aale. Für Abwechslung sorgen die vielen Touristen, denn dort wo Aale wohnen, machen andere Urlaub. Komfortables Süßwasser und Abwechslung sind fünf Sterne wert.

Plattbodenschiffe

Im IJsselmeer schwimmen Segelschiffe mit einem platten Boden. Sie sind typisch für Wattenmeere und können noch bei Niedrigwasser fahren, bzw. kippen nicht um, wenn sie „trockenfallen", das heißt, wenn sie bei Ebbe auf dem Trockenen stehen.

Flohkrebs

Dieses Tier hört sich an, als würde es zwei Tiere in einem vereinen: Floh-Krebs. In Wahrheit ist es klein wie ein Floh und sieht aus wie ein Krebs. Somit ist es doch nur *ein* Tier – für den Aal aber schmeckt es doppelt lecker.

Azoren

Komfort: ★★★★★

An diesen Atlantikinseln vorbeizuschwimmen lohnt sich allemal, denn dort wird das gute Wetter für Europa gemacht.

Verdauungsorgane

Alle Aale sind Meister der Verwandlung: Weibliche Aale bauen selbst ihre Bauchhöhle einmal im Leben um. Das bedeutet: Verdauungsorgane alle raus, um Platz für die Eier zu schaffen. Zu den Verdauungsorganen zählen unter anderem Magen und Darm, also alles, was mit der Verwertung der Nahrung zu tun hat.

Reisewarnung

Bei ihrer langen Wanderung müssen Aale viele Hindernisse überwinden. Gefährlich wird es, wenn sie in die Nähe der Turbinen von Wasserkraftwerken geraten. Da sollten Aale lieber aus dem Wasser steigen und drum herum wandern.

Sargassosee

Klima: 

Natur: 

Rentier

Reiselust: 

Reise für ○ ein Tier ○ wenige Tiere ☒ viele Tiere

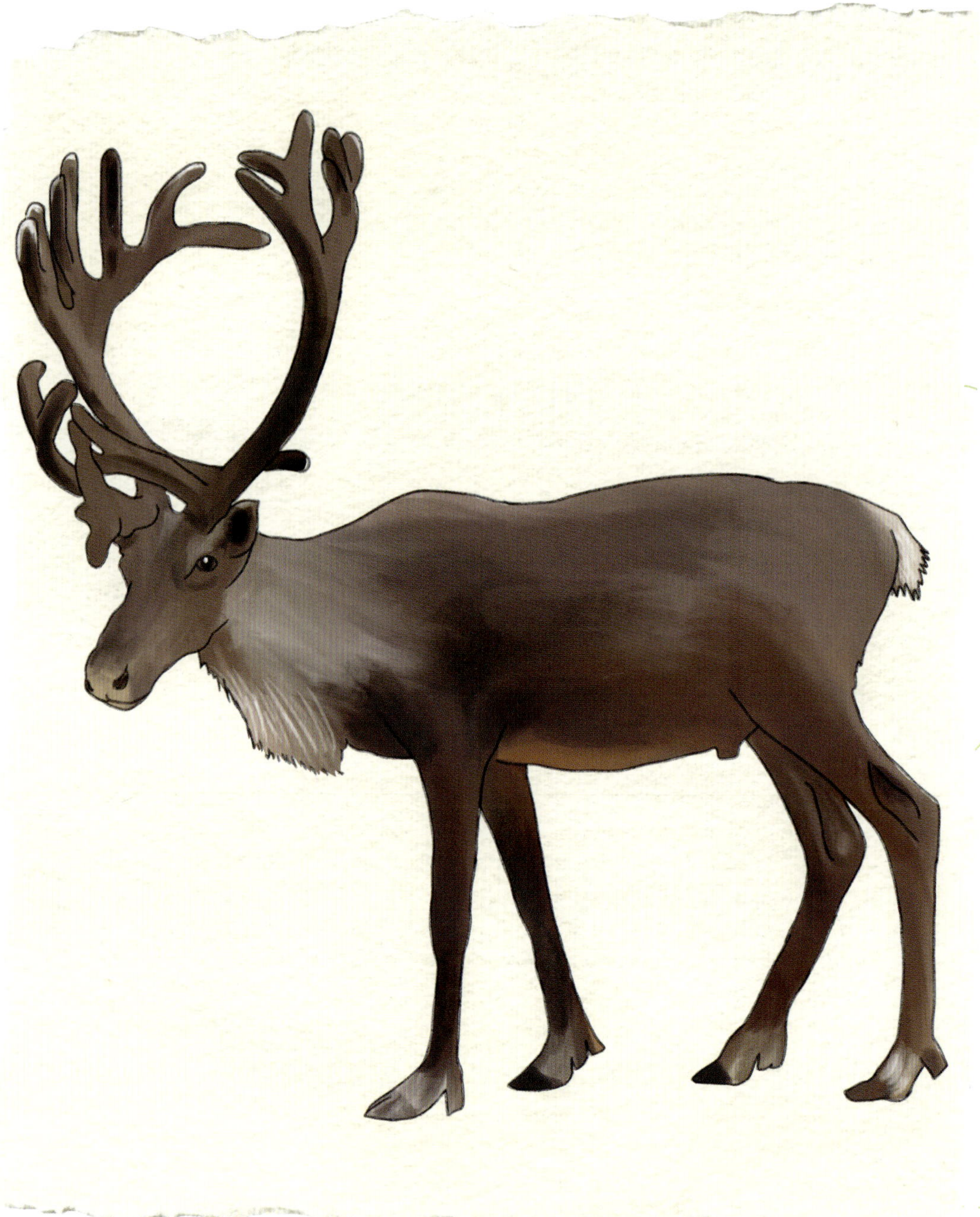

Hei, ich bin Lars, ein samisches Rentier.

MEINE REISE

Heute ist ein Treffen im Wald am südlichsten Zipfel der **Finnmark** angesagt! Das ist im Norden Norwegens, an der Grenze zu Finnland. Als Anführer meiner Rentiergruppe bin ich verantwortlich dafür, dass wir den kürzesten Weg dorthin nehmen. Jetzt, im Winter, sind wir in Richtung Süden unterwegs, um genug Futter zu finden. Im Sommer ziehen wir wieder nach Norden, an die Küste mit dem wunderschönen Meer.

Auf unserer gut durchdachten Wanderroute müssen wir stets die richtige Abzweigung nehmen, um ja unsere Fans, die **Sámi**, nicht zu verfehlen. Die mögen einfach alles an uns. Seit vielen Jahren begleiten diese Menschen unsere Reisen quer durch den hohen Norden Europas. Wir Rentiere ziehen hier schon sehr lange umher – länger als es die Sámi hier gibt, ja länger als es überhaupt Menschen auf der Erde gibt. Ich bin froh, dass wir gleich die Sámi treffen. Sie haben bestimmt Futter für uns im Gepäck.

In den letzten Tagen unserer Wanderung war es nämlich sehr schwierig, ausreichend Nahrung für alle zu finden. Jedes Rentier braucht drei Kilo davon und die **Flechten**, die wir normalerweise am liebsten verspeisen, sind unter dem Schnee verborgen. Ich rieche sie, Rentiernasen sind verdammt gut darin, Futter durch den Schnee zu erschnüffeln. Aber die vereiste Schneedecke lässt nicht zu, dass wir uns mithilfe unserer Hufe bis zu den Flechten vorarbeiten können.

Aber da, hoch über unseren Köpfen schwebt schon ein erstes Zeichen, dass die Menschen nicht mehr weit sind: ein Heißluftballon. Und darin steckt tatsächlich jemand, der uns den Weg weist. Hin zu den bereits für uns vorbereiteten Flechten: das wird ein Festmahl!

Ich aber träume schon vom Frühling. Dann stehen zarte **Birkenwälder** auf unserem Reiseplan. Bis es soweit ist, lassen wir uns gern von den Sámi bei der Futtersuche helfen. Und mit einem Heißluftballon begrüßen.

Rentier

Sápmi

Sprache: Samisch

Klima: 

Natur: 

Sámi

Die Angehörigen dieses Volkes wohnen im Norden Europas. Gemeinsam mit ihren Rentieren ziehen sie durch ihr Land, das Sápmi heißt und heute vier verschiedenen Staaten angehört: Norwegen, Schweden, Finnland und Russland.

Rentierjahr

Sámi nehmen es beim Klima und Wetter sehr genau: Deshalb gibt es in ihrer Sprache acht Jahreszeiten. Und natürlich haben alle mit den Wanderungen der Rentiere zu tun.

Finnmark

Komfort: ★★★★★

Der Herbst ist schon ziemlich kalt in der Finnmark, einem Landstrich ganz im Norden von Sápmi. Weil das Futter eingefroren ist, gibt es bloß drei Sterne für den Komfort.

Reisewarnung

Dieses vermeintliche Schmusekätzchen ist in Wirklichkeit ein Eurasischer Luchs. Und wenn er ein junges Rentier sieht, möchte er es am liebsten fressen.

Bartflechte

Flechten schmecken nicht nur lecker, sondern sind echte Spezialisten: Sie vereinen zwei Lebewesen: eine Alge und einen Pilz. Rentiere fragen sich erst gar nicht, was sie da zuerst fressen sollen – ein Happs und beides ist weg! Und erst diese vielen Formen und Farben der Flechten … Mmmmmm, lecker.

Birkenwald

Komfort: ★★★★★

Im Frühsommer gibt es die ersten frischen Triebe an den Birken. Und noch nicht so viele Mücken! Eine echte Erholung vom Winter für die Rentiere.

Fanfest

Sámi hängen sehr an ihren Rentieren. Ihnen zu Ehren lassen sie manchmal Ballons steigen, sodass die Herde auch mal was zum Staunen hat. Schön sieht das aus: Riesige Heißluftballons am Himmel. Und die Sámi streicheln und füttern die Rentiere – toller Service!

Yak

Reiselust:     

Reise für ○ ein Tier ☒ wenige Tiere ○ viele Tiere

1
2
3
Größenvergleich:

Namaste, ich heiße Syangbo und bin ein tibetischer Yak.

MEINE REISE

Entspannt wandere ich durch den **Himalaya**. Eben balanciere ich über eine **Hängebrücke**, aber was kommt da!? Drei Bergwanderer mit riesigen Rucksäcken. Seltsam, dass sie sich keinen Yak angeheuert haben. Wir Lastenträger-Yaks sind schließlich gern im Einsatz und hilfsbereit gegenüber Wanderern. Diese Rucksäcke hätte ich auch noch getragen – die drei marschieren allerdings in die verkehrte Richtung: genau mir entgegen.

Deshalb müssen sie zur Seite treten. Ich lasse mich durch nichts und niemanden aus dem Rhythmus bringen – da müsste schon **Reinhold Messner** höchstpersönlich kommen.

Heute ist es windig und die schmale Brücke schwankt bedrohlich unter mir. Meine heutige Aufgabe ist es, einen Sack Reis heil und sicher in ein **Kloster** oben in den Bergen zu tragen. Mit meinen Lasten wandere ich in bis zu 5.000 Metern Meereshöhe hinauf, das ist höher als jeder Berg in Europa. Dort oben ist die Luft dünner und das Atmen schwieriger, aber auch das ist für uns Yaks kein Problem. Mir geht die Puste nicht aus, und ich trotte bedächtig und konzentriert weiter: Der Reissack muss wohlbehalten ankommen.

Vielleicht hole ich die Touristen auf dem Rückweg noch ein und kann ihnen ihre Rucksäcke abnehmen. Das wäre eine neue Aufgabe, aber vorerst muss ich diesen Auftrag ausführen. Ich kenne meinen Weg gut, weil ich täglich in den Bergen unterwegs bin. Als nächstes quere ich eine weite Ebene. Es ist ganz schön kalt hier und die frische Luft bläst mir um die Nase. Wieder kommen mir Wanderer entgegen: dick angezogen. Ich hingegen trage gegen den Wind ein dickes Fell, das wunderbar warm hält, weil es aus drei verschiedenen Lagen besteht. Sogar Schneestürme lassen sich damit aushalten.

Vielleicht finde ich **Schuppenseggen** am Wegesrand. Hier überleben nur mehr wenige Pflanzen, aber mit meiner wendigen Zunge und den Lippen kann ich selbst die kleinwüchsigsten Pflanzen abgrasen – geschickter als jede Kuh in den Alpen. Diese Pause habe ich mir verdient, bevor es auf die letzten Kilometer geht. Jetzt noch vorbei an den bunten **Gebetsfahnen**, dann ist mein Ziel, das Kloster, bald erreicht.

Tibet
Hauptstadt: Lhasa
Sprachen: Tibetisch, Chinesisch
Klima:
Natur:

Himalaya

In diesem riesigen Gebirge in Asien stehen viele der höchsten Berge der Welt – über 8.000 Meter wachsen sie empor! Der allerhöchste ist der Mount Everest, er überragt den höchsten Berg der Alpen, den Mont Blanc, um 4.000 Meter.

Hängebrücken

Hängebrücken schauen eindrucksvoll aus und sind ideal, um Schluchten im Gebirge zu überwinden. Yaks haben hier Vorfahrt.

Reinhold Messner

Er hat ohne Sauerstoffflasche als Erster alle Berge der Erde bestiegen, die über 8.000 Meter hoch sind! Und er hat Yaks in seine Heimat Südtirol eingeladen. Jetzt sind sie dort sesshaft geworden.

Schuppensegge

Die Schuppensegge mit ihren gelben Blüten ist echt lecker, zumal im Hochgebirge fast nichts Essbares mehr wächst. Dem Yak steht sie am besten zwischen seinen schönen Lippen.

SCHUPPENSEGGE

Kloster

Komfort: ★★★★★

Yaks bleiben meistens vor dem Kloster stehen. Da gibt es Futter, manchmal Streicheleinheiten und ab und zu einen neuen Auftrag: diesmal vielleicht ein paar Rucksäcke von Touristen? Das bedeutet Abwechslung und fünf Sterne.

Yak-Milch

Yaks sind sehr wertvolle Tiere im Himalaya. Sie arbeiten super, haben ein tolles Fell und geben gute Milch – sogar ihr Mist wird verwertet: zum Heizen. Aus der Milch wird eine Spezialität gemacht, der Yak-Butter-Tee. Wer wissen möchte, wie der ungefähr schmeckt: einfach sehr fette Kuh-Milch mit Fleischbrühe mischen. Zugegeben, vor Ort schmeckt es besser ...

Reisewarnung

Bären und Beeren werden beinahe gleich ausgesprochen, wehe aber, ein Yak verwechselt die beiden: Ein tibetischer Bär kann gefährlich werden und auch mal ein Yak fressen. Da heißt es: Augen auf, Yak!

Gebetsfahnen

Überall im Himalaya sieht es aus, als würde gerade Kindergeburtstag gefeiert. Die tibetischen Gebetsfahnen sollen aber vielmehr die Gebete der Menschen in alle Himmelsrichtungen tragen. Jede Farbe hat ihre besondere Bedeutung.

Graukranich

Reiselust:

Reise für ○ ein Tier ☒ wenige Tiere ○ viele Tiere

Größenvergleich:

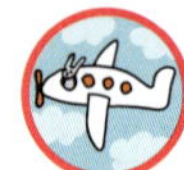

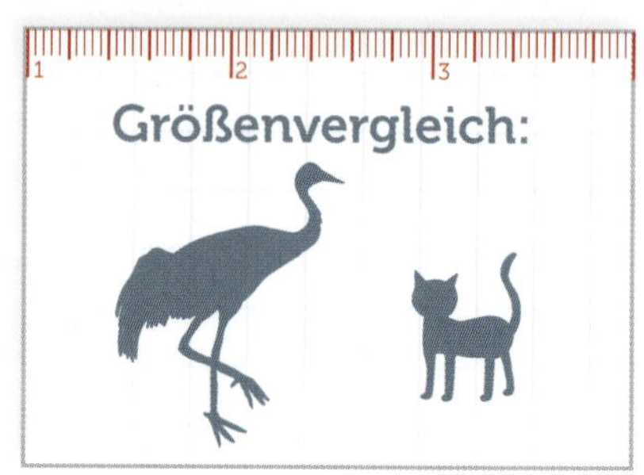

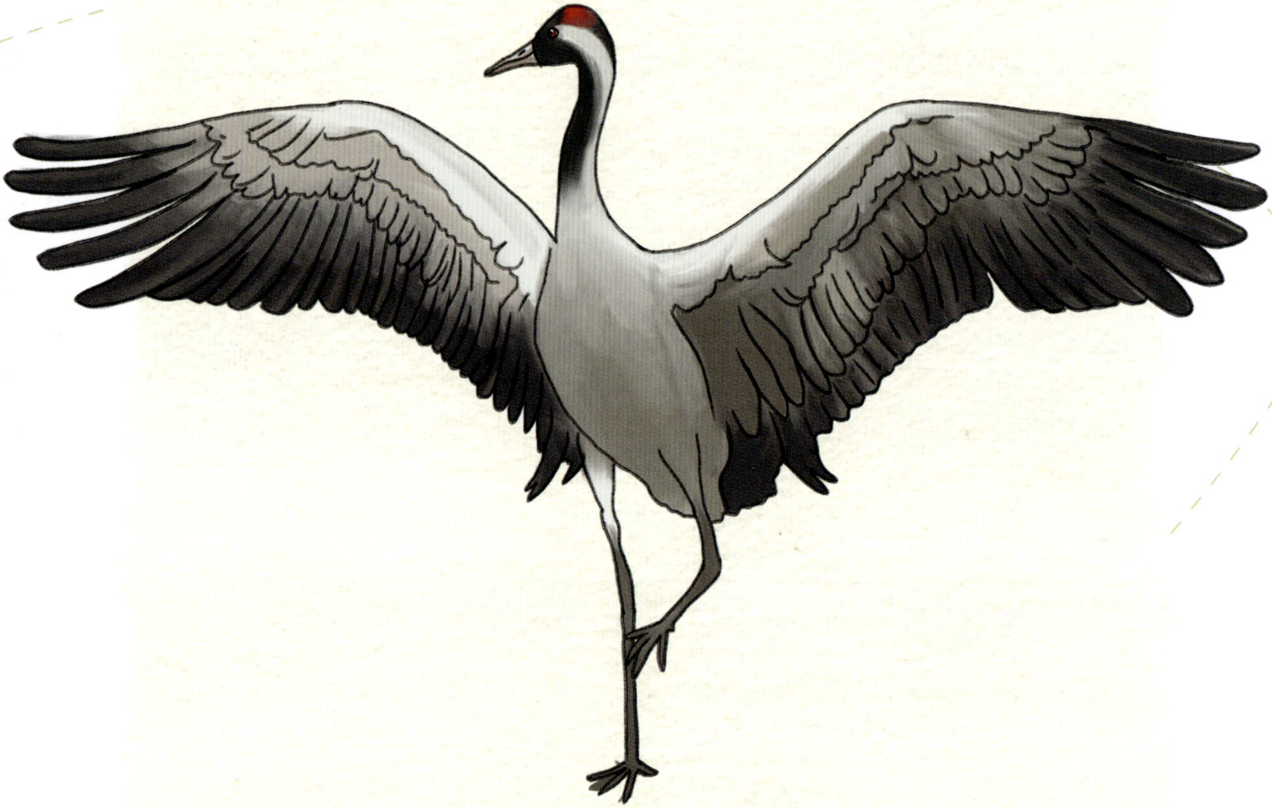

Hej, ich bin Jan, ein schwedischer Graukranich.

MEINE REISE

Meine Flugreise führte mich im vorigen Herbst gemeinsam mit meiner Familie zunächst von **Schweden** Richtung Süden – in Skandinavien ist es uns einfach zu kühl geworden. Als musikalische Vögel begleiten wir unseren Flug mit lauten Rufen, die wie **Trompeten** klingen, fast so, als wäre ein Blasorchester unterwegs. Auf unserem **Formationsflug** trafen wir uns an gewissen Stellen mit anderen Kranichen und haben unsere Reise für ein kleines Konzert unterbrochen sowie zum Ausruhen und Fressen. Das erste große Erlebnis für unseren Nachwuchs gab es im Oktober auf dem **Rastplatz** in der Champagne in Frankreich. Dort haben 80.000 Kraniche gemeinsam Zwischenstopp gemacht und trompetet: So etwas hatte unser Nachwuchs noch nie erlebt. Und wir haben zahlreiche alte Bekannte aus Nordeuropa getroffen.

Anschließend flogen wir weiter nach Spanien, das wir im November erreichten. Dort ist es wärmer, und wir fanden ein perfektes Winterquartier vor. In Spanien verbringen wir Kraniche den Winter meist gesellig in einer großen Gruppe und gehen gemeinsam auf die Futtersuche. In unserem Revier gab es alles, was ein Kranichherz begehrt: einen Kartoffelacker und ein Sonnenblumenfeld mit reichem Angebot an Futter und selbstverständlich einen Tümpel. Wasser ist uns Kranichen nämlich sehr wichtig; wir benötigen es nicht nur zum Trinken, sondern verbringen darin gerne gemeinsam die Nacht – **stehend**!

Jetzt im Frühjahr hätten wir eigentlich wieder zurück in den Norden Europas fliegen sollen, meine Familie hat aber beschlossen, dass wir diesmal die **Schweiz** nicht bloß überqueren werden, sondern dass wir dort einmal den Sommer verbringen wollen. Die herrlichen Berge und das schöne Wasser des **Neuenburger Sees** haben uns schon voriges Jahr beim Überflug begeistert. Mit unseren Kindern haben wir es nunmehr gewagt und sind gelandet: Wir sind hier die allerersten Kraniche und haben den See ganz für uns. Ich bin mir sicher, dass wir durch unsere Trompeten-Konzerte für großes Aufsehen sorgen werden. Eine Kranichfamilie ist in dieser Gegend noch etwas Besonderes. Das wird der Sommer unseres Lebens!

Graukranich

Schweden
Hauptstadt: Stockholm
Sprache: Schwedisch
Klima:

Natur:

Rastplatz

Das klingt nach Autobahn. Und tatsächlich: Kraniche fliegen wie auf Luftautobahnen immer dieselben Routen und machen Halt an gemeinsamen Rastplätzen. So wie Menschen auf Autobahnen. In der Champagne in Frankreich liegt ein Kranich-Rastplatz am Marne-Stausee. Ein schöner Ort, um die langen Beine ins Wasser zu halten und gemeinsam zu Trompeten.

Formationsflug

Im Frühling und im Herbst fliegen Kraniche häufig in v-förmiger Anordnung über das Land. Diese geordnete Art zu Fliegen wird Formation genannt. Warum sie das machen? Um Energie zu sparen, denn so können die Vögel im Windschatten der jeweils anderen fliegen. Der vorderste Vogel wird ab und zu abgelöst, weil er auf der anstrengendsten Position fliegt.

Reisewarnung

Füchse sind klug, Kraniche sind klüger. Zumindest nachts wenden Kraniche einen Trick gegen ihren Feind an: Sie stehen in Ufernähe im See, sodass der Fuchs sich nicht unbemerkt anpirschen kann. Er müsste nasse Pfoten in Kauf nehmen ...

Mais

Bei Mais denken Kinder an Popcorn und Kraniche an die besten Rastplätze: Eine Zwischenlandung auf dem Maisfeld ist sehr beliebt. Statt Popcorn gibt es Mais goldgelb!

Neuenberger See

Komfort: ★★★★★

Am Neuenberger See lebt es sich als Kranich sehr idyllisch. Wer den Mut hat, hier zu landen, wird mit Ruhe und Platz belohnt. Und mit tollem Gebirgswasser. Klar gibt das die volle Sternezahl.

Trompeten

Elefanten und Kraniche haben etwas gemeinsam: Sie können Trompeten. Um den lauten Ton zu produzieren benutzen Elefanten ihren Rüssel, Kraniche dagegen ihre extralange Luftröhre. Sie ist länger als der Vogel groß ist! Damit sie in den Kranichkörper passt, ist sie in Schlingen gelegt. Ein toller Verstärker für die Kranichstimme.

Krater auf dem Seeboden

Seegeheimnis

Der Neuenburger See hat ein Geheimnis preisgegeben! Die Forscherin Anna wollte mit einem Boot den See vermessen und hat dabei tief unten kreisrunde Krater entdeckt. Aus ihnen sprudelt Gebirgswasser. An so einem besonderen Ort wohnen nicht nur Kraniche gern.

Schweiz

Hauptstadt: **Bern**

Sprachen: **Deutsch, Französisch, Italienisch, Rätoromanisch**

Klima: 

Natur: 

Lederschildkröte

Reiselust: 🐢🐢🐢🐢🐢

Reise für ☒ ein Tier ○ wenige Tiere ○ viele Tiere

Größenvergleich:

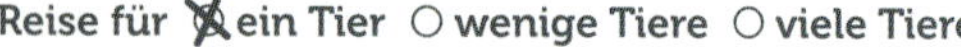

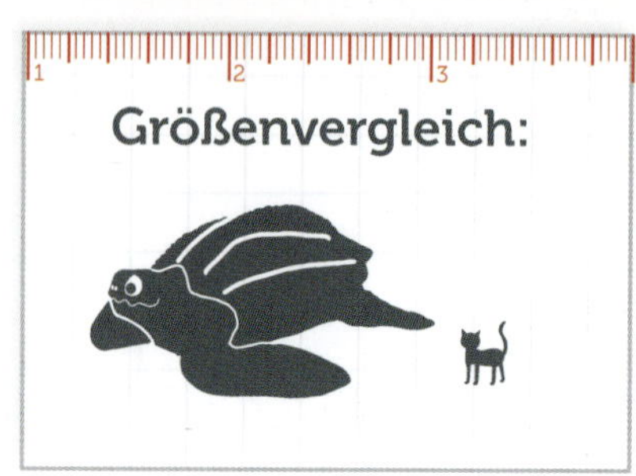

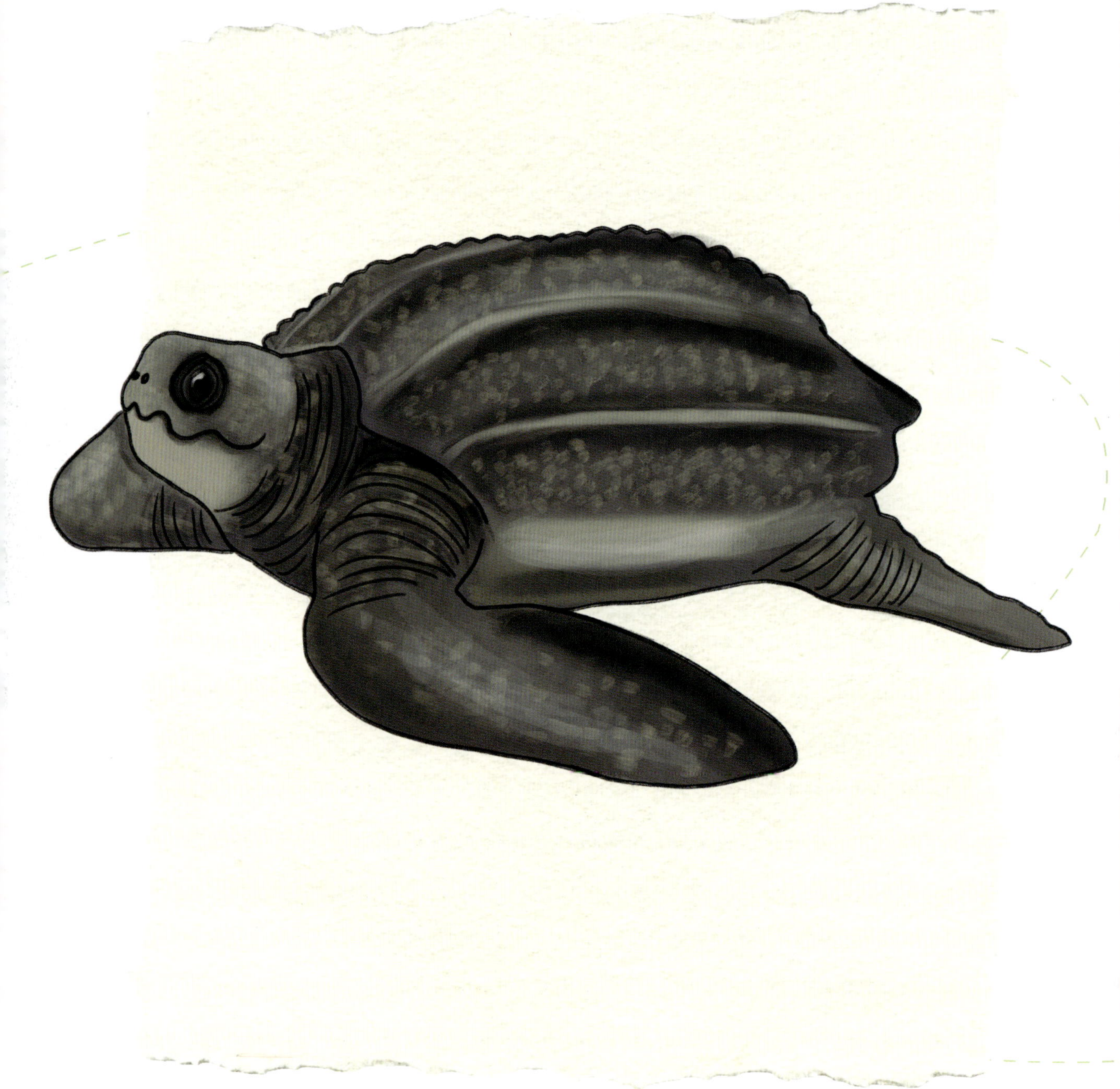

Hello, mein Name ist Lulu und ich bin eine karibische Lederschildkröte,

MEINE REISE

Vor siebzig Jahren bin ich am Strand von **Trinidad** geboren. Alle drei Jahre kehre ich an genau diesen Strand zurück, um dort Eier zu legen; dazwischen bereise ich die Weltmeere.

Vor etwa fünfzig Jahren ist mir etwas passiert, an das ich bis heute denke: Während ich meine Eier im Sand verbuddelte, trug der Wind Karnevalsschlager zu mir herüber. Die Menschen feiern hier sehr ausgelassen und machen dabei wunderbare Musik auf einem Instrument, das wie ein verkehrter Schildkrötenpanzer aussieht, sie nennen es **Steelpan**.

Ich habe gemerkt, dass die Musik in den verschiedenen Ländern immer etwas anders gespielt wird. So schwimme ich mit dem Klang dieser Lieder im Ohr durch die Weltmeere – stets gespannt darauf, eine neue Art von Musik zu entdecken.

Auf meinen Reisen nutze ich alle erdenklichen **Meeresströmungen**. So kann ich mich treiben lassen und muss nicht ständig mit meinen Flossen arbeiten. Außerdem kann ich viel tiefer als alle anderen Meeresschildkröten tauchen. Mein Lederpanzer ist nämlich flexibel und hält selbst dem stärksten Wasserdruck stand. So schaffe ich es, in bis zu 1.200 Metern unter der Wasseroberfläche hinabzutauchen! Auch das erleichtert mir meine Reisen enorm und es erlaubt mir die Jagd nach den besten Quallen. Quallen benötige ich auf meinen Reisen zum Überleben. Am allerliebsten sind mir **Staatsquallen**, wenn sie mir direkt ins Maul schwimmen. 200 Stück am Tag kann ich verdrücken, daraus beziehe ich meine Kraft zum Tauchen und Schwimmen. Hunderttausende habe ich schon verspeist.

Bei meiner letzten Reise war ich in Europa an einem ganz besonderen Ort. Ich schwamm durch eine **Meerenge** und plötzlich war das Wasser viel wärmer. Bloß ist mir später ein ärgerliches Missgeschick passiert: Ich habe mich in einem Fischernetz verheddert. Aber ich wurde von den Fischern befreit und wieder ins Wasser entlassen! Es war bei **Salin-de-Giraud** in Frankreich – und dort habe ich wieder einmal die Lieder aus meiner Heimat gehört, einer der Fischer hat sie gesungen. Ein eindeutiger Wink, wieder einmal zum Eierlegen an meinen heimatlichen Strand zurückzukehren.

Lederschildkröte

Trinidad und Tobago
Hauptstadt: Port of Spain
Sprache: Englisch
Klima:

Natur:

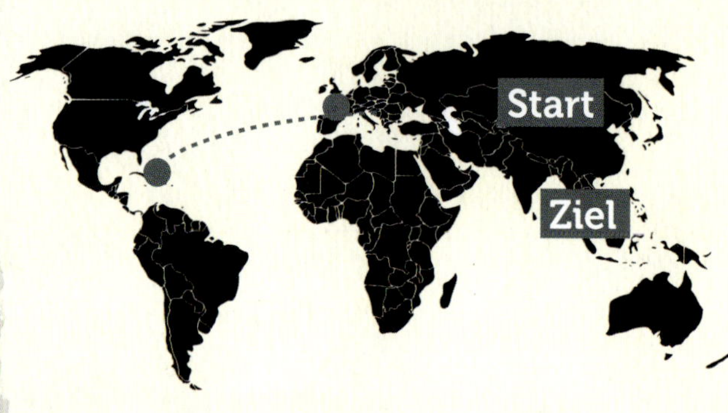

Meeresströmung

Komfort: ★★★★★

Sie wirkt wie Rückenwind. Nur ohne Wind und im Wasser. Wenn Meerestiere in eine Strömung geraten, werden sie einfach mitgetragen. Das spart Energie und entspannt. Kein Wunder, das alle in den Flow der Strömung wollen.

Steelpan

Die besondere Musik im Karneval wird auf Trinidad und Tobago auf dem Steelpan gespielt. Es ist das Nationalinstrument von Trinidad und ähnelt einem hohlen Schildkrötenpanzer, ist aber aus Metall. Die damit erzeugte Musik ist so schön, dass nicht nur Schildkröten immer wieder gerne nach Trinidad und Tobago zurückkehren.

Reisewarnung

Plastiktüten im Meer, wo gibt's denn sowas? Leider überall. Wenn Schildkröten eine Tüte mit einer Qualle verwechseln, wird es für sie gefährlich, weil sie das Plastik nicht verdauen können.

Staatsquallen

Lederschildkröten schätzen sie als Leckerbissen und fischen sie mit ihrem Maul massenweise aus dem Meer. Dazu tauchen sie auch gerne tief ab.

Salin-de-Giraud

Komfort: 

Normalerweise gibt es an diesem Strand am Mittelmeer keine einzige Lederschildkröte. Und im Fischernetz ist es für sie dort nur auszuhalten, wenn die Fischer sie wieder ziehen lassen. Für diesen unfreiwilligen Zwischenstopp gibt es drei Sterne: für die Rettung und die heimatlichen Lieder natürlich.

Meerenge

Zwischen den Kontinenten Europa und Afrika gibt es eine enge Passage im Meer. Sie heißt die Straße von Gibraltar. Dort treffen der kühle Pazifische Ozean und das wärmere Mittelmeer aufeinander. Außerdem gibt es dort einen Felsen auf dem viele Affen wohnen. Hier ist es schön und warm! Und es gibt eine tolle Aussicht.

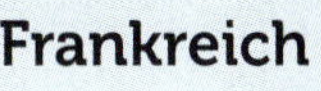

Frankreich

Hauptstadt: Paris

Sprache: Französisch

Klima: 

Natur:  

Juchhu, wo fahre ich denn hin?

Adios!

Wie das dort wohl aussieht?

Jetzt bloß nicht seekrank werden!

Bienvenue!

Ahoi! Herzlich willkommen!

Mein Reiseführer
Hier ist Platz für deine eigenen Reisen!

REISEROUTEN

Entdecke die Welt!

Auf dieser Karte kannst du ankreuzen oder einen kleinen Kreis einzeichnen, wo du schon gewesen bist oder gern einmal hinreisen würdest.

Das bin ich

1.

Reiselust: ♀♀♀♀♀

Reise für ○ einen ○ wenige ○ viele Menschen 2.

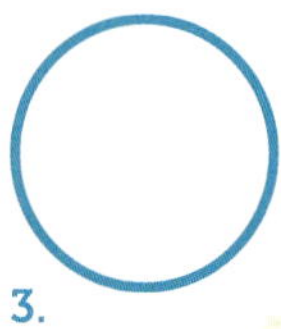

3.

5.

1. Male so viele Menschen-Symbole aus, wie es deiner Reiselust entspricht. Je mehr du ausmalst, desto reiselustiger bist du!
2. Kreuze an, ob du lieber allein reisen möchtest oder gemeinsam mit wenigen oder vielen Menschen.
3. Zeichne in den Kreis, wie Du verreisen möchtest: mit dem Zug, dem Auto, dem Fahrrad oder mit dem Flugzeug – oder zu Fuß.
4. Wie groß bist du im Vergleich zu einer Katze? Zeichne dich als Strichmännchen dazu.
5. Hier kannst du dich als Urlauber zeichnen.

MEINE REISE

Stelle dich kurz vor und begrüße den Leser in der Sprechblase. Auf dieser Seite kannst du deine eigene schöne Reise erzählen oder dir eine Fantasiereise ausdenken. Vielleicht hast du auch ein Haustier, dass ein spannendes Reiseabenteuer erlebt hat?

Schmuckmarken

Auch als Download zum Ausdrucken! (S. 118–125)

Damit du dieses Buch nicht zerschneiden musst, kannst du diese Vorlagen und alle weiteren auf den folgenden Seiten auch kopieren oder herunterladen und ausdrucken. Vorlagen zum Downloaden unter: www.folioverlag.com/info/sachbuecher/kinder-jugendbuch/de/978-3-85256-679-5

Deine eigenen Postkarten

Du kannst diese Karten abpausen, kopieren bzw. die Vorlage herunterladen, dann ausschneiden und nach Herzenslust schöne Urlaubsbilder darauf zeichnen und sie anmalen.

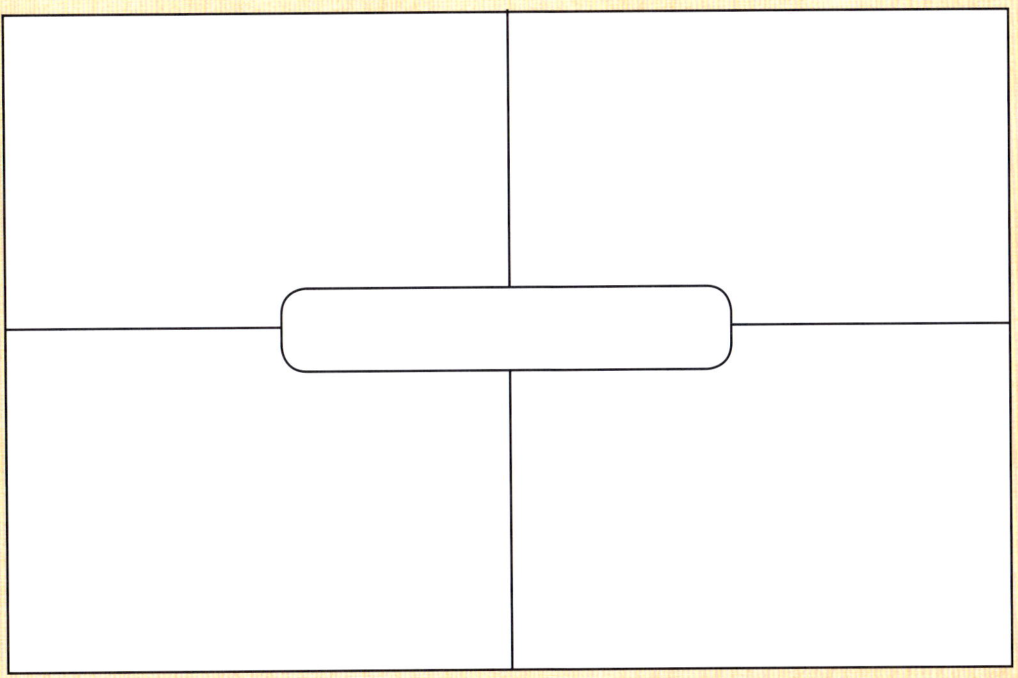

Mein Reisepass

1. Zeichne ein lustiges Wappen oder Bildchen in den Kreis.
2. Bei der Einreise in gewissen Ländern bekommt man einen Stempel in den Pass.
   Erfinde Reisestempel und zeichne sie in deinen Pass ein.
3. Zeichne dein Gesicht als Passbild in den Pass.
4. Schreibe deinen Namen und dein Geburtsdatum hinein.

Mein REISEPASS

1.

2.

....
Land hier eintragen

....
Land hier eintragen

3.

4.
Name ....

Geburtsdatum ....

Geburtsort ....

Augenfarbe ....

Größe ....

Mein Reisepass

Hier war ich schon:

....

Name des Ortes

Zeichne hier die Flagge des Landes hinein.

Das hat mir gefallen an dem Ort:

Diese Tiere habe ich dort gesehen:

Hier war ich schon:

....

Name des Ortes

Zeichne hier die Flagge des Landes hinein.

Das hat mir gefallen an dem Ort:

Diese Tiere habe ich dort gesehen:

1. Hier kannst du Erinnerungen an deine Reise eintragen.
2. Zeichne die Flagge des Landes, das du bereist hast.
3. Zum Schluss kannst du alles ausschneiden – fertig!

Faltpinguin

1.

2. 3. 4. 5.

6.

7.

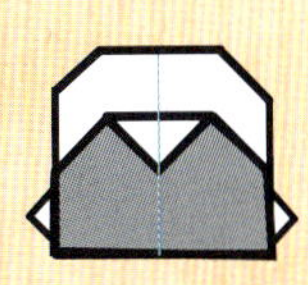

8.

9.

1. Falte ein zweifarbiges, quadratisches Blatt zweimal diagonal, sodass du ein Kreuz erhältst.
   Anschließend öffne das Blatt wieder.
2. Falte die untere Ecke nach oben zur gegenüberliegenden Spitze, aber nicht bis ganz nach oben.
3. Knicke die Spitze des Dreiecks nach vorne. Das wird der Schnabel des Pinguins.
4. Drehe das Ganze einmal auf die Rückseite.
5. Knicke die obere Spitze nach vorne.
6. Falte die linke und die rechte Spitze zur Mitte hin.
7. Jetzt kannst du die linke und rechte Spitze wieder ein Stückchen nach außen falten, sodass sie links und rechts ein Stücken über den Rand hinausragen.
8. Drehe das Objekt um und zeichne deinem Pinguin ein paar Augen – fertig!

Tier-Fingerpuppen

1.

2.

3.

1. Pause den Monarchfalter ab oder kopiere ihn oder lad dir die Vorlage herunter, dann schneide ihn aus. Jetzt kannst du den Schmetterling auf beiden Seiten bunt anmalen.
2. Falze ihn entlang der blauen Linien.
3. Bastle einen Ring aus einem Streifen Papier, und zwar so groß, dass er um deinen Finger passt. Dann klebe den Papierring an der Unterseite des Schmetterlings fest. Schon flattert der Schmetterling auf deinem Finger!

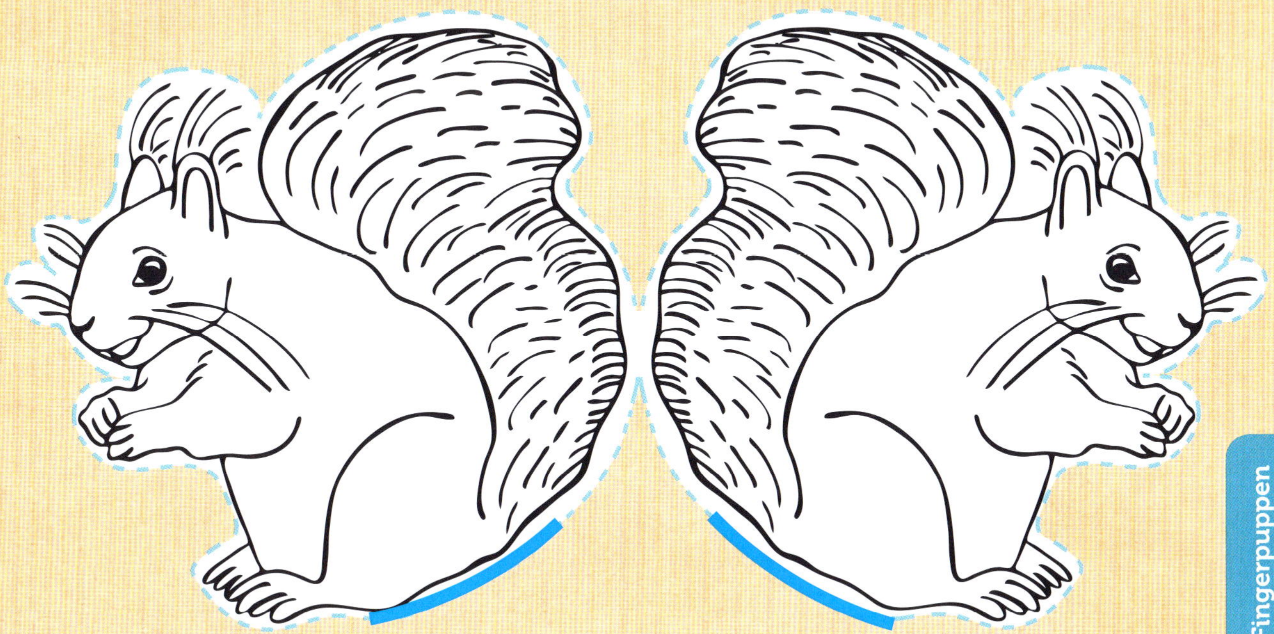

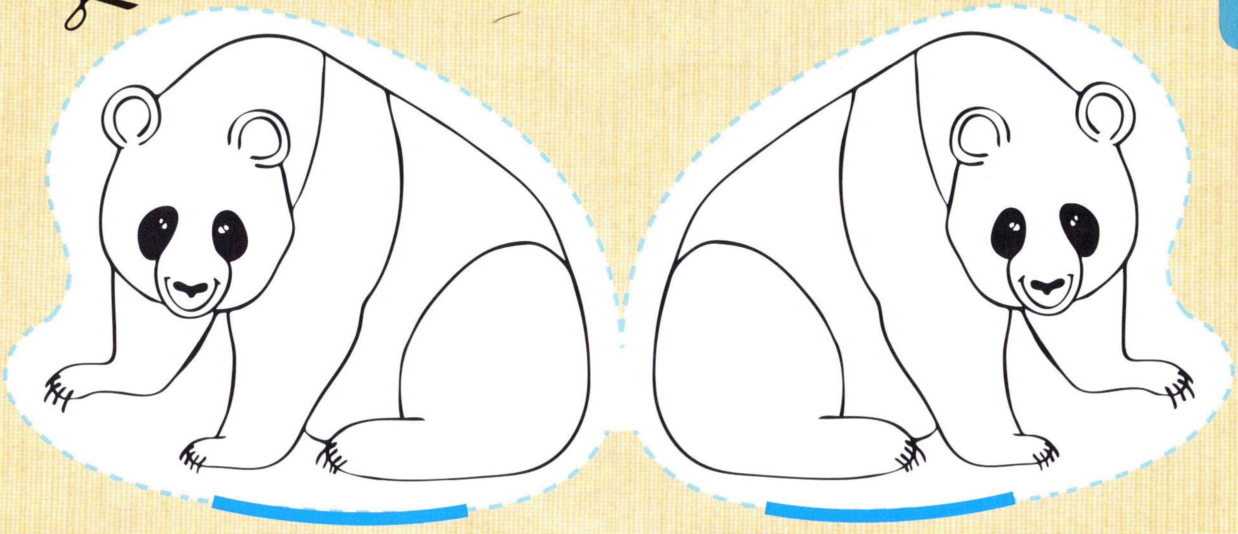

1. Pause die Tiere ab oder kopiere sie oder lad dir die Vorlage herunter; dann schneide die Tiere aus und male sie bunt an.
2. Falte die beiden Tiere jeweils zusammen und klebe sie am Rand zusammen.
3. Lass unten an der fetten blauen Linie eine Öffnung ohne Klebstoff, damit du das Tier als Fingerpuppe über deinen Finger stülpen kannst.

Wer hat dieses Buch gemacht?

Text / Idee / Konzept

Inga Marie Ramcke

Geboren 1980 in Hamburg ist reiseverrückt und liebt Tiere. Sie promoviert in Flensburg in Biologie-Didaktik und Energiewissenschaften zum Thema Storytelling und Handpuppen. Seit 2012 arbeitet sie in der Umweltbildung mit Tierhandpuppen und hat seitdem in ihren eigenen Programmen über 300 Kindergruppen betreut. Aus Liebe zu fernen Ländern hat sie nicht nur während Studium und Arbeit in Kanada, Singapur, England und den Niederlanden gelebt, sondern auch in ihrer Heimatstadt Hamburg einen Studiengang für Tourismus geleitet. Gäste aus aller Welt können sie als Stadtführerin mit (Kinder-)Gruppen in Hamburg erleben. So kommen die fernen Länder auch zu ihr. Mehr über Inga Marie und ihre Arbeit findet ihr unter www.ingamarieramcke.de.

Illustration / Idee / Konzept

Tonia Wiatrowski

Geboren 1978 in Cuxhaven hat Kommunikationsdesign an der HBK Braunschweig studiert und arbeitet als freie Buchdesignerin und Illustratorin in der Ateliergemeinschaft Tatendrang-Design: www.tatendrang-design.de.
Sie gibt Kreativworkshops für Kinder. Zeitweise unterrichtet sie als Jonglierlehrerin im Kinderzirkus. Sie hat mehrere Kreativbücher geschrieben und viele weitere illustriert und gestaltet. Wichtig ist ihr bei der Arbeit mit und für Kinder, dass die Inhalte immer lustbetont und kreativ vermittelt und die Kinder selbst zum Entdecken und Mitmachen angeregt werden. 2012 ist sie gemeinsam mit Tatendrang-Design vom Deutschen Bundesministerium für Wirtschaft zur Kultur- und Kreativpilotin ernannt worden.

Literaturverzeichnis

Wanderlibelle Anderson, R. C. (2009): Do dragonflies migrate across the western Indian Ocean? In: *Journal of Tropical Ecology* 25 (04), S. 347 | Hobson, K. A. et al. (2012): Isotopic Evidence That Dragonflies (Pantala flavescens) Migrating through the Maldives Come from the Northern Indian Subcontinent. In: *PLoS ONE 7* (12) | Hobson, K. A.; Wassenaar, L. I. (Hg.) (2008): Tracking animal migration with stable isotopes. Amsterdam: Academic Press (2) | Kiran, R.; Ramachandra, T.V. (1999): Status of Wetlands in Bangalore and its Conservation aspects. In: *ENVIS Journal of Human Settlements* (March), S. 16–24

Eichhörnchen Lurz, P. W. W. et al. (2005): Sciurus vulgaris. In: *Mammalian Species* (769), S. 1–10 | Rézouki, C. et al. (2014): A Viable Population of the European Red Squirrel in an Urban Park. In: *PLoS ONE 9* (8)

Dugong Adulyanukosol, K. et al. (2007): Observations of dugong reproductive behavior in Trang Province, Thailand: further evidence of intraspecific variation in dugong behavior. In: *Marine Biology* 151 (5), S. 1887–1891 | Aragones, L. V. et al. (2006): Dugong grazing and turtle cropping: grazing optimization in tropical seagrass systems? In: *Oecologia* 149 (4), S. 635–647 | Dermot Smyth (Smyth and Bahrdt Consultants) with assistance and direction from the NAILSMA Dugong and Marine Turtle project team (2005): Part 2a: Dugongs. Knowledge and concerns about dugongs based on scientific research. Herausgegeben von North Australian Indigenous Land and Sea Management Alliance. Red 2.2.20 Charles Darwin University. Darwin, Australien (NAILSMA Reports)

Küstenseeschwalbe Åkesson, S.; Hedenström, A. (2007): How Migrants Get There: Migratory Performance and Orientation. In: *BioScience* 57 (2), S. 123 | Cox, G. W. (2010): Bird migration and global change. Washington, DC: Island Press | Egevang, C. et al. (2010): Tracking of Arctic terns Sterna paradisaea reveals longest animal migration. In: *Proceedings of the National Academy of Sciences* 107 (5), S. 2078–2081 | Mcknight, A. et al. (2013): „Stepping stone" pattern in Pacific Arctic tern migration reveals the importance of upwelling areas. In: *Marine Ecology Progress Series* 491, S. 253–264 | Schueller, G. H.; Schueller, S. K. (2009): Animal migration. New York: Chelsea House

Bettwanze Harraca, V. et al. (2010): Characterization of the Antennal Olfactory System of the Bed Bug (Cimex lectularius). In: *Chemical Senses* 35 (3), S. 195–204 | Mullen, G. R.; Durden, L. A. (Hg.) (2009): Medical and veterinary entomology. 2. Aufl. Amsterdam, Boston: Elsevier; Academic | Panagiotakopulu, E.; Buckland, P. C. (1999): Cimex lectularius L., the common bed bug from Pharaonic Egypt. In: *Antiquity* 73 (908–911) | Reinhardt, K.; Siva-Jothy, M. T. (2007): Biology of the Bed Bugs (Cimicidae). In: *Annual Review of Entomology* 52 (1), S. 351–374 | Siljander, E. D. (2006): Foraging and Communication Ecology of bed bugs, Cimex lectularius L. (Hemiptera: Cimicidae). In: *American Entomologist* 52 (2), S. 116–117 | Szyndler, M. W. et al. (2013): Entrapment of bed bugs by leaf trichomes inspires microfabrication of biomimetic surfaces. In: *Journal of The Royal Society Interface* 10 (83), S. 20130174

Monarchfalter Altizer, S.; Davis, A. K. (2010): Populations of monarch butterflies with different migratory behaviors show divergence in wing morphology. In: *Evolution* 64 (4), S. 1018–1028 | Brower, L. P. et al. (2006): Fueling the fall migration of the monarch butterfly. In: *Integrative and Comparative Biology* 46 (6), S. 1123–1142 | Flockhart, D. T. Tyler et al. (2015): Unravelling the annual cycle in a migratory animal: breeding-season habitat loss drives population declines of monarch butterflies. In: *Journal of Animal Ecology* 84 (1), S. 155–165 | Heinze, S.; Reppert, S. M. (2012): Anatomical basis of sun compass navigation I: The general layout of the monarch butterfly brain. In: *The Journal of Comparative Neurology* 520 (8), S. 1599–1628 | Knight, A. M. Y. et al. (1999): Spring remigration of the monarch butterfly, Danaus plexippus (Lepidoptera: Nymphalidae) in north-central Florida: estimating population parameters using mark-recapture. In: *Biological Journal of the Linnean Society* 68 (4), S. 531–556 | Lyons, J. I. et al. (2012): Lack of genetic differentiation between monarch butterflies with divergent migration destinations. In: *Molecular Ecology* 21 (14), S. 3433–3444 | Mouritsen, H. et al. (2013): An experimental displacement and over 50 years of tag-recoveries show that monarch butterflies are not true navigators. In: *Proceedings of the National Academy of Sciences* 110 (18), S. 7348–7353 | Oberhauser, K. S.; Solensky, M. J. (Hg.) (2004): Monarch butterfly biology & conservation. Ithaca: Cornell University Press

Regenbogentukan Fecchio, R. S. et al. (2010): Mechanical behavior of prosthesis in Toucan beak (Ramphastos toco). In: *Materials Science and Engineering*: C 30 (3), S. 460–464 | Graham, C. H. (2001): Factors Influencing Movement Patterns of Keel-Billed Toucans in a Fragmented Tropical Landscape in Southern Mexico. In: *Conservation Biology* 15 (6), S. 1789–1798 | Graham, C. (2001): Habitat Selection and Activity Budgets of Keel-Billed Toucans at the Landscape Level. In: *The Condor* 103 (4), S. 776 | Skutch, A. F. (1971): Life history of the Keel-billed Toucan. Ciclo de vida del curré negro. In: *The Auk* 88 (2), S. 381–396 | Stutchbury, B. J.; Morton, E. S. (2001): Behavioral ecology of tropical birds. San Diego: Academic Press

Marienkäfer Adachi-Hagimori, T. et al. (2011): Control of Myzus persicae and Lipaphis erysimi (Hemiptera: Aphididae) by adults and larvae of a flightless strain of Harmonia axyridis (Coleoptera: Coccinellidae) on non-heading Brassica cultivars in the greenhouse. In: *BioControl* 56 (2), S. 207–213 | Hodek, I. et al. (Hg.) (2012): Ecology and behaviour of the ladybird beetles (Coccinellidae). Chichester, West Sussex, Hoboken, NJ: Wiley-Blackwell | Roy, H. E.; Wajnberg, E. (Hg.) (2008): From biological control to invasion. The ladybird harmonia axyridis as a model species. Dordrecht, London: Springer (v. 53, no. 1) | Tavares, C. et al. (2014): A case of ecological specialization in ladybirds: Iberorhyzobius rondensis (Coleoptera: Coccinellidae), potential biocontrol agent of Matsucoccus feytaudi (Hemiptera: Matsucoccidae). In: *Bulletin of Entomological Research* 104 (03), S. 367–375 | Vilcinskas, A.; Schmidtberg, H. (2014): Der Asiatische Marienkäfer als Modell. In: *Biologie in unserer Zeit* 44 (6), S. 386–391

Wollhandkrabbe Bendfeldt, L.: Handlungsempfehlung zum Umgang mit Neobioten dargestellt am Beispiel der Wollhandkrabbe. Hg. v. Fischschutz. de. Landessportfischerverband Schleswig-Holstein. Online verfügbar unter http://fischschutz.de/fremdarten/74-wollhandkrabbe, zuletzt geprüft am 04.05.2015 | Bentley, M. G.: The Global Spread of the Chinese Mitten Crab Eriocheir sinensis. In: In the Wrong Place – Alien Marine Crustaceans: Distribution, Biology and Impacts, S. 107–127 | Fladung, E. (2002): Untersuchungen zur Bestandsregulierung und Verwertung der Chinesischen Wollhandkrabbe (Eriocheir sinensis). unter besonderer Berücksichtigung der Fischereiverhältnisse im Elbe/Havel-Gebiet. Institut für Binnenfischerei e. V. Potsdam-Sacrow. Groß Glienicke (505) | Galil, B. et al. (Hg.) (2011): In the Wrong Place – Alien Marine Crustaceans. Distribution, biology and impacts. Dordrecht, New York: Springer (6) | Herborg, L.-M et al. (2003): Spread of the Chinese mitten crab (Eriocheir sinensis H. Milne Edwards) in Continental Europe: analysis of a historical data set, S. 21–28

Erdkröte Atlas zur Verbreitung und Ökologie der Amphibien und Reptilien in Österreich. Auswertung der Herpetofaunistischen Datenbank der Herpetologischen Sammlung des Naturhistorischen Museums in Wien (2001). Wien: Umweltbundesamt | Kuhn, J. (1994): Lebensgeschichte und Demographie von Erdkrötenweibchen Bufo bufo bufo (L.). In: *Zeitschrift für Feldherpetologie* 1 (1–2), S. 3–87 | Sztatecsny, M.; Schabetsberger, R. (2005): Into thin air: vertical migration, body condition, and quality of terrestrial habitats of alpine common toads, Bufo bufo. In: *Canadian Journal of Zoology* 83 (6), S. 788–796

Tiroler Steinschaf Immaterielle Kulturerbe / Österreichische UNESCO-Kommission (2011): Verzeichnis des Immateriellen Kulturerbes in Österreich. Transhumanz – Schafwandertriebe in den Ötztaler Alpen. Unter Mitarbeit von Maria Walcher. Wien | Tourist Info Schnalstal (Hg.) (2011): UNESCO Kulturerbe: Schafübertrieb

Flachlandtapir Fragoso, J. M. V. et al. (2003): Long-distance seed dispersal by tapirs increases seed survival and aggregates tropical trees. In: *Ecology* 84 (8), S. 1998–2006 | Henry, O. et al. (2000): Diet of the Lowland Tapir (Tapirus terrestris L.) in French Guiana1. In: *Biotropica* 32 (2), S. 364–368 | Padilla, M.; Dowler, R. C. (1994): Tapirus terrestris. In: *Mammalian Species* (481), S. 1–8 | Prevett, P. F. (1968): The larva of Pachymerus cardo (Fähr.), the palm kernel borer (Coleoptera: Bruchidae). In: *Journal of Stored Products Research* 4 (3), S. 239–248 | Salas, L. A. (1996): Habitat use by lowland tapirs (Tapirus terrestris L.) in the Tabaro River valley, southern Venezuela. In: *Canadian Journal of Zoology* 74 (8), S. 1452–1458 | Salm, R. (2006): Invertebrate and Vertebrate Seed Predation in the Amazonian Palm Attalea maripa1. In: *Biotropica* 38 (4), S. 558–560 | Scott, D. A. et al. (1992): Ecological Studies on a Lowland Evergreen Rain Forest on Maraca Island, Roraima, Brazil. II. Litter and Nutrient Cycling. In: *The Journal of Ecology* 80 (4), S. 705

Saiga-Antilope Desperately seeking saiga (2006). In: *BBC Wildlife* (August), S. 50–55 | Abaturov, B. D. (2007): The population of saiga antelopes in Russia and the problems of its preservation. In: *Herald of the Russian Academy of Sciences* 77 (5), S. 462–469 | Neronov, V. M. et al. (2012): Population Dynamics of a Key Steppe Species in a Changing World: The Critically Endangered Saiga Antelope 6, S. 335–356 | Ovetz, R. (2004): 100,000,000 years old. 10 years left to live. In: *The Ecologist* 34 (2), S. 48–51 | Singh, N. J. et al. (2010): Tracking greenery across a latitudinal gradient in central Asia – the migration of the saiga antelope. In: *Diversity and Distributions* 16 (4), S. 663–675

Afrikanischer Elefant Bandt, A. L. et al. (2012): Forest elephant mitochondrial genomes reveal that elephantid diversification in Africa tracked climate transitions. In: *Molecular Ecology* 21 (5), S. 1175–1189 | Githae, E. W. et al. (2008): A botanical inventory and diversity assessment of Mt. Marsabit forest, a sub-humid montane forest in the arid lands of northern Kenya. In: African Journal of Ecology 46 (1), S. 39–45 | Ngene, S. M. et al. (2010): The ranging patterns of elephants in Marsabit protected area, Kenya: the use of satellite-linked GPS collars. In: *African Journal of Ecology* 48 (2), S. 386–400 | Owen-Smith, N. (2014): Spatial ecology of large herbivore populations. In: *Ecography* 37, S. 416–430

Waschbär Michler, F.-U. (2004): Waschbären im Stadtgebiet. Wildbiologie International 5/12. In: *Wildbiologie International*, S. 1–16 | Michler, F.-U.; Köhnemann, B.A. (2010): Tierische Spitzenleistung – Abwanderungsverhalten von Waschbären (*Procyon lotor* L., 1758) in Norddeutschland. In: *Labus* 31, S. 52–59 | Weighardt, S. (2012): Wildtiere im Stadtgebiet. Der Waschbär. Stadtnatur. Hg. v. Senatsverwaltung für Stadtentwicklung und Umwelt. Senatsverwaltung für Stadtentwicklung und Umwelt. Berlin

Pandabär Carter, J. et al. (1999): Giant panda (Ailuropoda melanoleuca) population dynamics and bamboo (subfamily Bambusoideae) life history: a structured population approach to examining carrying capacity when the prey are semelparous. In: *Ecological Modelling* 123 (2–3), S. 207–223 | Lindburg, D.; Baragona, K. (Hg.) (2004): Giant Pandas. Biology and Conservation: University of California Press | Reid, D. G. et al. (1989): Giant Panda Ailuropoda melanoleuca behaviour and carrying capacity following a bamboo die-off. In: *Biological Conservation* 49 (2), S. 85–104 | Wang, X. et al. (2009): Integrating population size analysis into habitat suitability assessment: implications for giant panda conservation in the Minshan Mountains, China. In: *Ecological Research* 24 (5), S. 1101–1109

Treiberameise Beeren, C. von; Witte, V. (2012): Tarnung eines Ameisenparasiten. In: *Biologie in unserer Zeit* 42 (1), S. 15–16 | Kronauer, D. J. C. et al. (2007): Six weeks in the life of a reproducing army ant colony: male parentage and colony behaviour. In: *Insectes Sociaux* 54 (2), S. 118–123 | Maschwitz, U. et al. (1989): A South East Asian ponerine ant of the genus Leptogenys (Hym., Form.) with army ant life habits. In: *Behavioral Ecology and Sociobiology* 24 (5), S. 305–316 | Witte, V.; Maschwitz, U. (2000): Raiding and emigration dynamics in the ponerine army ant Leptogenys distinguenda (Hymenoptera, Formicidae). In: *Insectes Sociaux* 47 (1), S. 76–83.

Witte, V. (2001): Organisation und Steuerung des Treiberameisenverhaltens bei südostasiatischen Ponerinen der Gattung Leptogenys. Dissertation. Johann-Wolfgang-Goethe-Universität, Frankfurt am Main. Fachbereich Biologie und Informatik.

Witte, V. et al. (2009): Fine Tuning of Social Integration by Two Myrmecophiles of the Ponerine Army Ant, Leptogenys distinguenda. In: *Journal of Chemical Ecology* 35 (3), S. 355–367

Weißstorch Berthold, P. et al. (2001): Der Zug des Weißstorchs (Ciconia ciconia): eine besondere Zugform auf Grund neuer Ergebnisse. In: *Journal für Ornithologie* 142 (1), S. 73 | Berthold, P. et al. (2004): Long-term satellite tracking of white stork (Ciconia ciconia) migration: constancy versus variability. In: *Journal of Ornithology* 145 (4), S. 356–359 | Chernetsov, N. et al. (2004): Migratory orientation of first-year white storks (Ciconia ciconia): inherited information and social interactions. In: *Journal of Experimental Biology* 207 (6), S. 937–943 | Heinrich, B. (2014): The homing instinct. Meaning & mystery in animal migration. New York: Houghton Mifflin Harcourt Publishing Company | Olsson, O.; Rogers, D. J. (2009): Predicting

the distribution of a suitable habitat for the white stork in Southern Sweden: identifying priority areas for reintroduction and habitat restoration. In: *Animal Conservation* 12 (1), S. 62–70
Rotlachs Cooke, Steven J. et al. (2004): Abnormal Migration Timing and High en route Mortality of Sockeye Salmon in the Fraser River, British Columbia. In: *Fisheries* 29 (2), S. 22–33 | Dittman, A.; Quinn, T. (1996): Homing in Pacific salmon: mechanisms and ecological basis. In: *The Journal of Experimental Biology* 199, S. 83–91 | English, K. K. et al. (2005): Migration Timing and River Survival of Late-Run Fraser River Sockeye Salmon Estimated Using Radiotelemetry Techniques. In: *Transactions of the American Fisheries Society* 134 (5), S. 1342–1365 | French, R. R.; McAlister, W. B. (1970): Winter Distribution of Salmon in Relation to Currents and Water Masses in the Northeastern Pacific Ocean and Migrations of Sockeye Salmon. In: *Transactions of the American Fisheries Society* 99 (4), S. 649–663 | Hinch, S. G.; Rand, P. S. (1998): Swim speeds and energy use of upriver-migrating sockeye salmon (Oncorhynchus nerka). Role of local environment and fish characteristics. In: *Canadian Journal of Fisheries and Aquatic Science*, S. 1519–1539 | Hinch, S. G.; Bratty, J. (2000): Effects of Swim Speed and Activity Pattern on Success of Adult Sockeye Salmon Migration through an Area of Difficult Passage. In: Transactions of the American Fisheries Society 129 (2), S. 598–606 | Mann, S. et al. (1988): Ultrastructure, morphology and organization of biogenic magnetite from sockeye salmon, Oncorhynchus nerka: implications for magnetoreception. In: The Journal of Experimental Biology 140 (November 1), S. 35–49 | Price, M. H. H. et al. (2013): Prey Selectivity of Fraser River Sockeye Salmon during Early Marine Migration in British Columbia. In: Transactions of the American Fisheries Society 142 (4), S. 1126–1133
Magellan-Pinguin Green, J. A. (2005): Do seasonal changes in metabolic rate facilitate changes in diving behaviour? In: *Journal of Experimental Biology* 208 (13), S. 2581–2593 | Pütz, K. et al. (2000): Satellite tracking of the winter migration of Magellanic Penguins Spheniscus magellanicus breeding in the Falkland Islands. In: *Ibis* 142 (4), S. 614–622. Pütz, K. et al. (2007): Winter migration of magellanic penguins (Spheniscus magellanicus) from the southernmost distributional range. In: *Marine Biology* 152 (6), S. 1227–1235 | Radl, A.; Culik, B. M. (1999): Foraging behaviour and reproductive success in Magellanic penguins (Spheniscus magellanicus): a comparative study of two colonies in southern Chile. In: *Marine Biology* 133 (3), S. 381–393 | Scolaro, J. A.; Suburo, A. M. (1991): Maximum Diving Depths of the Magellanic Penguin. Profundidad de Buceo del Pingüino de Magallanes. In: *Journal of Field Ornithology* 62 (2), S. 204–210 | Simeone, A.; Wilson, R. P. (2003): In-depth studies of Magellanic penguin (Spheniscus magellanicus) foraging: can we estimate prey consumption by perturbations in the dive profile? In: *Marine Biology* 143 (4), S. 825–831 | Trathan, P. N. et al. (2015): Pollution, habitat loss, fishing, and climate change as critical threats to penguins. In: *Conservation Biology* 29 (1), S. 31–41 | Villanueva, C. et al. (2014): Seasonal variation in the physiological and behavioral responses to tourist visitation in Magellanic penguins. In: *The Journal of Wildlife Management* 78 (8), S. 1466–1476 | Walker, B. G.; Boersma, P. D. (2003): Diving behavior of Magellanic penguins (Spheniscus magellanicus) at Punta Tombo, Argentina. In: *Canadian Journal of Zoology* 81 (9), S. 1471–1483
Europäischer Aal Podgorniak, T. et al. (2015): Differences in brain gene transcription profiles advocate for an important role of cognitive function in upstream migration and water obstacles crossing in European eel. In: *BMC Genomics* 16 (1), S. 265 | van Ginneken, V. (2005): Eel migration to the Sargasso: remarkably high swimming efficiency and low energy costs. In: *Journal of Experimental Biology* 208 (7), S. 1329–1335 | van Ginneken, V. J. T.; Maes, G. E. (2005): The European eel (Anguilla anguilla, Linnaeus), its Lifecycle, Evolution and Reproduction: A Literature Review. In: *Reviews in Fish Biology and Fisheries* 15 (4), S. 367–398
Rentier Andersen, O. (2011): Reindeer-herding cultures in northern Nordland, Norway: Methods for documenting traces of reindeer herders in the landscape and for dating reindeer-herding activities. In: *Quaternary International* 238 (1–2), S. 63–75 | Borchert, N. (2001): Land is Life. Traditional Saami Reindeer Grazing Threatened in Northern Sweden. Edition Kenyon Fields | Forbes, B. C.; Kumpula, T. (2009): The Ecological Role and Geography of Reindeer (Rangifer tarandus) in Northern Eurasia. In: *Geography Compass* 3 (4), S. 1356–1380 | Pape, R.; Löffler, J. (2012): Climate Change, Land Use Conflicts, Predation and Ecological Degradation as Challenges for Reindeer Husbandry in Northern Europe: What do We Really Know After Half a Century of Research? In: *AMBIO* 41 (5), S. 421–434 | Regeringskanselet – Ministerium für Landwirtschaft (2007): Sami. ein Ursprungsvolk in Schweden. Västerås: Edita Västra Aros | Reimers, E. et al. (1999): Life-history variation of wild reindeer (Rangifer tarandus) in the highly productive North Ottadalen region, Norway. In: *Journal of Zoology* 265 (1), S. 53–62
Yak Leslie Jr., D. M.; Schaller, G. B. (2009): Bos grunniens and Bos mutus. In: *Mammalian Species* (836), S. 1–17 | Yang, M. et al. (2014): Heat stability of yak micellar casein as affected by heat treatment temperature and duration. In: *Dairy Science & Technology* 94 (5), S. 469–481
Graukranich Alonso, J. C. et al. (2004): Family-based territoriality vs flocking in wintering common cranes Grus grus. In: *Journal of Avian Biology* 35 (5), S. 434–444 | Cimiotti, D.; Kudernatsch, D. (2007): Leben Totgeglaubte länger? Der Kranich Grus grus als zunehmender Sommergast in Süddeutschland und der Schweiz. Poster. In: Deutsche Ornithologen-Gesellschaft (Hg.): Bericht über die 140. Jahresversammlung. Bericht und wissenschaftliches Programm. Gießen (Tagungsbericht), S. 368–369 | Müller, C.; Volet, B. (2014): Seltene und bemerkenswerte Brut- und Gastvögel und andere ornithologische Ereignisse 2012 in der Schweiz. In: *Der Ornithologische Beobachter* 111 (4), S. 293–312 | Prange, H.(2010): Zug und Rast des Kranichs Grus grus und die Veränderungen in vier Jahrzehnten. In: *Vogelwelt* (131), S. 155–167 | Reusch, A. et al. (2015): Giant lacustrine pockmarks with subaqueous groundwater discharge and subsurface sediment mobilization. In: *Geophysical Research Letters* 42 (9), S. 3465–3473 | Rüegg, P. (2015): Pockmarks on the lake bed. Eidgenössische Technische Hochschule Zürich. Zürich. Online unter www.ethz.ch/en/news-and-events/eth-news/news/2015/05/Pockmarks-on-lake-bed.html
Lederschildkröte aj (2012): Karibische Riesenschildkröte schwimmt nach Südfrankreich. Seltener Strandbesucher. In: *Neue Zürcher Zeitung* vom 7. August | Bartol, S. M. (2008): A Review of auditory function of sea turtles. In: *Bioacoustics* 17 (1–3), S. 57–59 | Dow Piniak, W. E. (2012): Acoustic Ecology of Sea Turtles: Implications for Conservation. Duke University. Marine Science and Conservation | Dudley, S. (2002): Dropping the Bomb: Steelband Performance and Meaning in 1960s Trinidad. In: *Ethnomusicology* 46 (1), S. 135–164 | Eckert, S. A. (2006): High-use oceanic areas for Atlantic leatherback sea turtles (Dermochelys coriacea) as identified using satellite telemetered location and dive information. In: *Marine Biology* 149 (5), S. 1257–1267 | Fossette, S. et al. (2010): Behaviour and buoyancy regulation in the deepest-diving reptile: the leatherback turtle. In: *Journal of Experimental Biology* 213 (23), S. 4074–4083 | Hays, G. C. et al. (2004): Pan-Atlantic leatherback turtle movements. Endangered species. In: *Nature* (429), S. 522 | Heaslip, S. G. et al. (2012): Jellyfish Support High Energy Intake of Leatherback Sea Turtles (Dermochelys coriacea): Video Evidence from Animal-Borne Cameras. In: *PLoS ONE* 7 (3) | López-Mendilaharsu, M. et al. (2009): Prolonged deep dives by the leatherback turtle Dermochelys coriacea: pushing their aerobic dive limits. In: *Marine Biodiversity Records* 2 | Molfetti, É. et al. (2013): Recent Demographic History and Present Fine-Scale Structure in the Northwest Atlantic Leatherback (Dermochelys coriacea) Turtle Population. In: *PLoS ONE* 8 (3)

Bildnachweis

H = Hintergrund | o = oben | u = unten | m = Mitte | l = links | r = rechts

Cover: Tonia Wiatrowski | Landkarten: kartoxjm/Fotolia.com | Hintergrundelemente: picsfive/Fotolia.com, cunico/Fotolia.com, nasared/Fotolia.com, Anja Kaiser/Fotolia.com | Flaggen: ktinte/Fotolia.com | **S. 14** dieter76/Fotolia.com (H, o), M. Rosenwirth/Fotolia.com (u) | **S. 15** Pierre-Yves Babelon/Fotolia.com (ol), Dudarev Mikhail/Fotolia.com (or), Nazzu/Fotolia.com (ml), Inga Marie Ramcke (mr), Pakhnyushchyy/Fotolia.com (ul) | **S. 18** foxytoul/Fotolia.com (H, l) | **S. 19** Gitta Schnaut (l), Wikimedia Commons/Telperion/Forêt de Verrières.jpg/CC BY-SA 3.0 (or), Denis Junker/Fotolia.com (ur) | **S. 22** Richard Carey/Fotolia.com (H, ul), ProMotion/Fotolia.com (l), Marketing Cocos Keeling Islands (ur) | **S. 23** Inga Marie Ramcke (ol), Karen Willshaw (or) | **S. 26** underworld/Fotolia.com (H), Arrlxx/Fotolia.com (ol), Alfred-Wegener-Institut/ Stefanie Arndt/CC-BY 4.0 (r), Tonia Wiatrowski (ul) | **S. 27** hecke71/Fotolia.com (or), Pakhnyushchyy/Fotolia.com (ur) | **S. 30** Frédéric Prochasson/Fotolia.com (H), Robert Lerich/Fotolia.com (ol), cunico/Fotolia.com (or), Fotoschlick/Fotolia.com (ur) | **S. 31** bahram7/Fotolia.com (ol), BillionPhotos.com/Fotolia.com (or) | **S. 34** ALCE/Fotolia.com (H), dallaspaparazzo/Fotolia.com (l), Mark Garland (mr, ur) | **S. 35** Wikimedia Commons, Bfpage, Angangueo Preserve.jpg, Public Domain (or), hecke71/Fotolia.com (ul), sergign/Fotolia.com (ur) | **S. 38** Galyna Andrushko/Fotolia.com (H), radub85/Fotolia.com (l), Irina Danilova/Fotloa.com (mr), Andrey_Lobachev/Fotolia.com (ur) | **S. 39** hecke71/Fotolia.com (ol), vilainecrevette/Fotolia.com (or), Alexey Danilchenko/Fotolia.com (ul), chris-tessier/Fotolia.com (ur) | **S. 42:** RICO/Fotolia.com (H), Carmen Szadzik (l), Uwe Landgraf/Fotolia.com (or), Elena Schweitzer/Fotolia.com (ur) | **S. 43** guy/Fotolia.com (ol), Elena Schweitzer/Fotolia.com (or), Tomokazu Seko (ul, ur) | **S. 46** Marco2811/Fotolia.com (H), M. Johannsen/Fotolia.com (l), Alex Hagmann/Fotolia.com (r) | **S. 47** aquapix/Fotolia.com (ol), Wikimedia Commons/Joachim Müllerchen/Fischtreppe geesthacht P7050400.JPG/CC BY-SA 2.0 (or), Gabriele Rohde/Fotolia.com (mr), Inga Nielsen/Fotolia.com (ul) | **S. 50** Romy Mitterlechner (H), Romy Mitterlechner/Fotolia.com (l), Robert Faritsch/Fotolia.com (r) | **S. 51** Marc Sztatecsny (ol, or), Henrik Larsson (ul), f/2.8 by ARC/Fotolia.com (mr), Mushy/Fotolia.com (ur) | **S. 54** Hermenau/Fotolia.com (or), RW-Design/Fotolia.com (l), Gianni Bodini (ur) | **S. 55** thomas.andri/Fotolia.com (ol), VRD/Fotolia.com (or), Gianni Bodini (ul, ur) | **S. 58** kalypso0/Fotolia.com (H), Wikimedia Commons/Bjørn Christian Tørrissen/Bairds-Tapir-Foot.jpg, CC BY-SA 3.0 (ol), anankkml/Fotolia.com (r) | **S. 59** Wikimedia Commons/Arria Belli/Attalea maripa closeup.jpg/CC BY-SA 3.0 (lo), Jennifer Elizabeth/Fotolia.com (r) | **S. 62** fiona_toke/Fotolia.com (H), Aline Kühl-Stenzel (or, ur) | **S. 63** Aline Kühl-Stenzel (or), nicolasprimola/Fotolia.com (ur) | **S. 66** kubikactive/Fotolia.com (H), Inga Marie Ramcke (ul), cunico/Fotolia.com (or), Africa Studio/Fotolia.com (mr), dispicture/Fotolia.com (mu) | **S. 67** Petra Ballings (ol), Wollwerth Imagery/Fotolia.com (or), Klaus Kaulitzki/Fotolia.com (ul), franzeldr/Fotolia.com (ur) | **S. 70** fotoherkules/Fotolia.com (H), Tonia Wiatrowski (ol), DieWerbebauer.de/Fotolia.com (ul), Frank Michler (ur) | **S. 71** valery121283/Fotolia.com (or), dieter76/Fotolia.com (or), Ralf Gosch/fotolia.com (ul) | **S. 74** eyetronic/Fotolia.com (H), Marc Brody (mr), Romolo Tavani/Fotolia.com (ul) | **S. 75** Romolo Tavani/Fotolia.com (ol), gnomeandi, or/Fotolia.com (or), Wikimedia Commons/Jens Uwe Mollenhauer/Bambusbluete 2 2006 j.u.mollenhauer.jpg/CC BY-SA 2.0 DE (ml), Goinyk Volodymyr/Fotolia.com (ur) | **S. 78** egonzitter/Fotolia.com (H), Dreaming Andy/Fotolia.com (mo), Volker Witte (ul, ur) | **S. 79** BildPix.de/Fotolia.com (ol), Volker Witte (or, ur), euthymia/Fotolia.com (ul) | **S. 82** herraez/Fotolia.com (H), Wolfgang Böhme (or), Inga Marie Ramcke (ul), Gina Sanders/Fotolia.com (ur) | **S. 83** rdnzl/Fotolia.com (ol), Inga Marie Ramcke (or, ul) | **S. 86** Little Tomato Studio/Fotollia.com (H), Inga Marie Ramcke (ul), David Welch (mr) | **S. 87** Wikimedia Commons/Jonathan Rodgers/Hells Gate.jpg/CC-BY-SA-2.5 (ol), micro_photo/Fotolia.com (or), birdiegal/Fotolia.com (ul) | **S. 90** hecke71/Fotolia.com (H), ck-africa/Fotolia.com (ul), Klemens Pütz (or, ur) | **S. 91** hiphoto39/Fotolia.com (ol), nastenkin/fotolia.com (mr), Frank Rohde/fotolia.com (ul) | S. 94: Naj/Fotolia.com (H), mediagram/Fotolia.com (ul), finke/Fotolia.com (ur) | **S. 95** aroxopt/Fotolia.com (or), Tristan Schlafhai/Fotolia.com (ul) | **S. 98** Incredible Arctic/Fotolia.com (H), Johanna Spies (mr), Anibal Trejo/Fotolia.com (ul), rorue/Fotolia.com (ur) | **S. 99** Konstanze Gruber/fotolia.com (ol), Almgren/fotolia.com (or), Johanna Spies (ur) | **S. 102** Birgit Spies (H, ul, or), Robert Eberhöfer, Messner Mountain Museum (ur) | **S. 103** Wikimedia Commons/Carl Axel Magnus Lindman/429 Cobresia caricina, Elyna myosuroides.jpg/public domain (or), sablin/Fotolia.com (ul) | **S. 106** Tran-Photography/Fotolia.com (H), Axel Horn (ul), Lars Johansson/Fotolia.com (or), Jeff McGraw/Fotolia.com (ur) | **S. 107** atoss/Fotolia.com (ol), Anna Reusch (ul, or) | **S. 110** mlinford/Fotolia.com (H), Pakhnyushchyy/Fotolia.com (l), Dmitry Naumov/Fotolia.com (r) | **S. 111** pure-life-pictures/Fotolia.com (ol), Wikimedia Commons/Abel Muñoz/Amanecer en la laguna de Gallocanta.jpg/CC BY-SA 3.0 ES (or), anilah/Fotolia.com (ul), Anton Balazh/Fotolia.com (ur) | **S. 126** Annette Schrader